Wien

Anita Ericson

Inhalt

Das Beste zu Beginn

Wien selbst entdecken

Überlaufen hin, Touristen her: Am fröhlichsten ist Wien am Naschmarkt – und besonders spannend in den Gassen des angrenzenden Freihausviertels. Dort lässt sich der Mensch einfach treiben: Kosmopolitisch und bunt ist Wien hier, aber auch schräg, kurios und natürlich kunstsinnig.

Ampelpärchen

Anlässlich des ESC 2015 wurden viele Wiener Ampeln mit neuen Symbolen ausgestattet: Statt Einzelgänger zeigen hier nun Pärchen an, ob Fußgänger Rot oder Grün haben. Das Besondere daran: neben herkömmlichen Mann-Frau-Paaren sind auch Männer- sowie Frauen-Kombis zu sehen, die für die Akzeptanz der Stadt von LGBT-Paaren stehen.

Schmäh auf der Bühne

»Moralische Entrüstung ist der Heiligenschein der Scheinheiligen«, sprach der legendäre Wiener Kabarettist Helmut Qualtinger. Bis heute ist ironischer Wortwitz die feine Klinge der Wiener Kabarettkünstler. Das älteste Kabarett der Stadt ist das Simpl, das kultigste das Niedermair.

Der Ton macht die Musik

»Küss die Hand, gnä' Frau« – ja, das gibt's tatsächlich noch; nicht bloß im Theater. Glauben Sie nicht? Dann ab ins biedermeierliche Café Dommayer im Nobelbezirk Hietzing (Dommayergasse 1). Hier treffen sich die Hofräte und/oder ihre aufgebrezelten Gattinnen zum gepflegten Smalltalk in butterweichem Schönbrunner Deutsch.

Ran an die Stadtmöbel

Dehnen an der Parkbank, Powerhüpfen über Stufen, Pole Dance am Laternenpfahl: Die ganze Stadt als Fitnessstudio ist das Motto des Vienna City Boot Camps. Das ›härteste Workout Wiens‹ gibt's werktags früh morgens und/oder am Abend. Dabei werden kurze Laufetappen mit Krafttraining kombiniert (www.viennacitybootcamp.at).

U wie Untergrund

Die U6 trägt das U wie Untergrund im Namen, verläuft aber dessen ungeachtet in luftiger Höhe, und zwar auf der von Otto Wagner geplanten Trasse der ehemaligen Stadtbahn. Eine Fahrt gewährt, speziell abends, wenn die Beleuchtung an ist, interessante Einblicke in die Wiener Wohnzimmer im zweiten Stock, mit dem man sich auf Augenhöhe befindet.

Bier mit Stelze

A Stözn und a Krügerl – ein Eisbein und ein Bier, das bestellen im Schweizerhaus im Prater Prolos und Promis, Zuwanderer und Alteingesessene, Studenten und grau melierte Schöpfe. Das Schweizerhaus ist Kult für alle.

Röstfrisch

Wien ist die Stadt des Kaffees. Neuerdings zelebriert man das duftende Getränk gerne in einem hippen Caféladen, wo Herkunft, Röstung und die perfekte Zubereitung im Vordergrund stehen. So wählt man seinen Kaffee im Szenelokal Caffè-Couture (Garnisongasse 18, www.caffecouture.com) aus Single Origins oder Blends – frisch geröstete Bohnen direkt vom Farmer.

Kalte Köstlichkeiten

Wien war bereits zur vorletzten Jahrhundertwende ›multikulti‹, lange bevor das Wort erfunden wurde. Auch Italiener wurden damals in der Donaumetropole sesshaft und hinterließen ihre kulinarischen Spuren. Viele Wiener Eissalons werden heute noch von deren Nachfahren geführt. Besonders empfehlenswert ist der Eissalon am Schwedenplatz (www.gelato.at).

Mit der Innenstadt hab' ich es ja nicht so: zu trubelig, zu eng, zu heiß. Mir hat es mehr das Grün am westlichen Stadtrand angetan, wo der Stadtdschungel in den Wienerwald ausfranst. An schönen Tagen treffen Sie mich hier auf Laufrunden mit meinen beiden Hunden.

Fragen? Erfahrungen? Ideen?

Ich freue mich auf Post.

Mein Postfach bei DuMont:
a.ericson@dumontreise.de

Das ist Wien

Handverlesen ist die Zahl der Wiener, die Kaiserin Sisi nachtrauern, ergriffen den Sängerknaben lauschen oder an der schönen blauen Donau das Tanzbein im Dreivierteltakt schwingen. Trotzdem hält sich das Klischee von der Wiener Walzerseligkeit inmitten imperialer Prachtkulisse hartnäckig. Wobei: Es lebt sich hier schon ganz gemütlich, Musik – nicht nur die klassische – nimmt einen hohen Stellenwert ein, und die Prunkbauten in der ehemaligen Donaumetropole setzen einen pompösen Rahmen von Barock bis Jugendstil, der tatsächlich seinesgleichen sucht.

Lebendige Kultur aus allen Richtungen

Doch letztendlich sind die glanzvollen Fassaden vergangener goldener Epochen für die Wiener selbst in erster Linie schöne Staffage fürs Leben im Hier und Jetzt. Dabei kommt es oft zu schrägen Kombinationen: Mal verwandelt sich ein fürstliches Palais in einen Dancefloor, dann wird die Staatsoper zur Bühne für Jam-Sessions – und in den Stadtbahnbögen Otto Wagners dröhnen sowieso regelmäßig die Beats. Freilich bespielen auch klassische Konzerte, Opern- und Theateraufführungen die zahlreichen Bühnen der Stadt, ebenso wie Pop und Rock, Kabarett und Kleinkunst ihren Platz im Veranstaltungskalender finden.

Von Klassik bis Avantgarde – und sämtliche Nuancen dazwischen: so lässt sich das ausufernde Wiener Kulturangebot auf den Punkt bringen. Von Weltformat abseits der Musik sind die reichen Sammlungen der großen Museen. Als Kunstliebhaber möchte man sich hier fast ein paar Regentage wünschen, um all die Schätze, all die Dürers, Rubens oder Klimts gebührend zu würdigen – allen anderen sei eine kluge Auswahl ans Herz gelegt.

Tradition trifft Zeitgeist

Am besten, man macht es den Wienern nach und geht es in Ruhe an. Die legendäre Gemütlichkeit hat ins 21. Jahrhundert überdauert. Man mag sich hier einfach nicht hetzen lassen. Lieber sitzt man tratschend oder Zeitung lesend im Café, anstatt sich dem Diktat der Uhr zu beugen – das kann Menschen, die an Pünktlichkeit gewohnt sind, zwar rasch aus der Fassung bringen, führt aber im Endeffekt zu einem deutlich stressfreieren Dasein. Vielleicht probieren Sie es im Urlaub einfach mal aus?

Sie müssen dazu nicht unbedingt ein elegantes Café besuchen. Das funktioniert genauso gut im hippen Szenetreff – denn Tradition steht hier nicht in Konkurrenz zum Zeitgeist, sondern verbindet sich oft genug mit ihm zur unverwechselbaren Wiener Spielweise moderner Lebensart.

Moderne Skyline mit Starbesetzung

Es hat in Wien mit der Moderne zwar etwas länger gedauert als in anderen Metropolen, doch mittlerweile hat man alles aufgeholt. Kaum zu glauben, dass dort, wo heute in der Donaucity Glasfassaden und schlanke Türme am Himmel kratzen, noch vor 25 Jahren Brachland war. Wien hat sich seit dem EU-Beitritt und der Ostöffnung, als es von einer Randlage

Virtuelles Graffiti sorgt hier bei den Passanten für Verwirrung. Ist das tatsächlich das Portal vom Stephansdom? Ja, ist es.

wieder in den Mittelpunkt Europas rückte, rasant entwickelt. Die zeitgenössische Architektur, deren Glanzlichter von internationalen Stars geplant wurden, erschließt nach und nach die peripheren Gebiete der Stadt, ist aber auch im Zentrum präsent – da das aufsehenerregende Designhotel am Donaukanal, dort der neue Hauptbahnhof gegenüber vom Schloss Belvedere, drüben zwei gewaltige Museumswürfel in alten Hofstallungen. Sie merken es schon: Hier ist sie wieder, diese Melange aus Altem und Neuem, die in Wien so charmant und weltoffen harmoniert.

Liebens- und lebenswertes Pflaster mit viel Grün

Diese Mischung zeigt sich auch an den Wiener Märkten, die ein regelrechtes Revival erleben. Allerdings lässt man sich heutzutage lieber bekochen als selbst den Kochlöffel zu schwingen und so haben sich viele historische Marktstände in angesagte Szenelokale und Delikatessenläden verwandelt. Hier kommt noch eine weitere Komponente ins Spiel, die den Reiz Wiens erst komplett macht: Gerne trägt man das Leben ins Freie. Die hiesige Open-Air-Kultur ist extrem ausgeprägt, sie lässt die Wiener ihr Essen im Straßengarten, ihren Cocktail mit den Füßen im Sand und ihren Lieblingsfilm unter Sternenhimmel genießen. Es liegt den Wienern allerdings auch nahe, rauszugehen: Zwischen März und Oktober sind die Temperaturen angenehm mild bis heiß, es scheint oft die Sonne und Grünflächen vereinnahmen tatsächlich die Hälfte des gesamten Stadtgebiets! Die Palette reicht dabei von innerstädtischen Parkanlagen über die Strände an Neuer und Alter Donau bis hin zu den Wäldern im Wienerwald und im Nationalpark Donauauen. Angesichts all dessen wird es Sie vermutlich nicht verwundern: Wien führt seit einigen Jahren kontinuierlich das Ranking der lebenswertesten Städte der Welt an.

Wien in Zahlen

1

international anerkannter Nationalpark (Donauauen) liegt teilweise auf Wiener Stadtgebiet.

1,014

Mrd. Euro hat der Bau des neuen Wiener Hauptbahnhofes gekostet. Nach sechs Jahren Bauzeit war er 2014 auch plangemäß fertig.

2:05:41

lautet der Streckenrekord des Vienna City Marathons. Damit zählt er – Stichwort Wiener Gemütlichkeit – zu den langsamsten der großen Städtemarathons.

3,3

Millionen Besucher lautet der Rekord beim Donauinselfest. Das sind annähernd so viele wie Berlin Einwohner hat.

27

Millionen Passagiere landen jährlich am Flughafen.

49,6

Prozent des Stadtgebiets sind Grünfläche – Gärten, Parks, Wald und landwirtschaftlich genutzte Flächen.

50

Kilometer Strand in allen Facetten laden auf Stadtgebiet ein, den Sommer zu genießen.

65,8

Grad liegen zwischen Sommer und Winter – so groß ist die Differenz zwischen dem bisher gemessenen niedrigsten und höchsten Tagestemperaturwert.

82,9

Jahre beträgt die mittlere Lebenserwartung der Wienerinnen; Männer leben auch in Wien mit 78,4 Jahren im Schnitt ein paar Jahre kürzer.

97,7

Prozent beträgt die Sitzplatzauslastung in der Wiener Staatsoper. Davon können die meisten anderen Bühnen nur träumen.

900

Trinkbrunnen spenden frisches Hochquellwasser aus den Bergen gegen den Durst – es gelangt im natürlichen Gefälle in die Stadt, ohne eine einzige Pumpe.

171

Meter Seehöhe misst man am Stephansplatz.

180

verschiedene Nationalitäten zählt man unter den Bewohnern von Wien.

360

Grad drehen sich in Wien sowohl das Riesenrad als auch der Donauturm – das eine um eine horizontale, der andere um eine vertikale Achse.

660

Hektar Rebfläche liefern 2,4 Millionen Liter Wein jährlich – das gibt es sonst in keiner Stadt.

194 198

Studierende machen Wien zur größten Universitätsstadt im deutschsprachigen Raum.

220 000

Gemeindebauwohnungen stellt die Stadt zur Verfügung. Rund ein Viertel der Wiener Haushalte kommt so in den Genuss bezahlbarer Mieten.

5

mal am Tag umrunden die Wiener Öffis die Erde: Sie legen täglich rund 210 000 km zurück.

Was ist wo?

Wien ist die zweitgrößte deutschsprachige Stadt – nur Berlin hat mehr Einwohner. Im Vergleich ist Wien auch deutlich überschaubarer, das sorgt für angenehm kurze Wege. Der Großteil des Stadtgebiets inklusive Altstadt liegt südwestlich der Donau, deren Grünräume heute der Erholung dienen.

Der 1. Bezirk – die Innere Stadt

Der Stadtkern, die historische **Altstadt,** liegt als **1. Bezirk** an einem unscheinbaren Seitenarm der Donau. Dieser sogenannte Donaukanal sowie die **Ringstraße** mit ihren prächtigen historisierenden Bauten und üppigen Parks umschließen die City zur Gänze. Ihr Zentrum ist der **Stephansplatz** (🗺 E/F 4) mit dem gotischen Stephansdom, einem der ältesten Bauten der Stadt. Hier kreuzen sich die beiden U-Bahn-Linien U1 und U3. Sie erschließen die **Innere Stadt,** wie der 1. Bezirk offiziell heißt, sowohl den Touristen als auch den Einheimischen, die hier in Banken und Büros arbeiten, in ihrer Pause flanieren und am Abend eine der vielen Bars frequentieren.

Die Hauptachse der Innenstadt ist die **Kärntner Straße** (🗺 E 4/5) mit ihren zahlreichen Geschäften. Sie geht hinter dem Stephansplatz in die Rotenturmstraße über, die wiederum zum **Schwedenplatz** (🗺 F 3/4) am Donaukanal führt. Eine Nebenachse bringt Sie vom Stephansplatz über den **Graben,** einen der schönsten Plätze Wiens, und den **Kohlmarkt** (🗺 E 4), vorbei an eleganten Cafés und Auslagen mit nobler Ware zur kaiserlichen **Hofburg** (🗺 Karte 2, D/E 4/5). Sie ist ein gewaltiger Komplex aus ineinander übergehenden Trakten, die sich um den geschichtsträchtigen Heldenplatz gruppieren. In den Seitengassen liegen weitere Sehenswürdigkeiten wie gotische und barocke Kirchen, prächtige gründerzeitliche Stadtpaläste, Jugendstilhäuser oder kleine Museen. Die ganze Innenstadt ist fußgängerfreundlich, denn die Distanzen sind kurz und selbst dort, wo es erlaubt ist, fahren nur wenige Autos.

Donaukanal, Donau, ›Transdanubien‹

Wienbesucher sind vielleicht erstaunt darüber, dass die ›schöne blaue Donau‹ die Altstadt nur als kleines Flüsschen streift. Das ist freilich bloß ein Seitenarm des großen Stroms, dessen Bett sich seit dem Mittelalter in den Osten verlagert hat. Die Ufer dieses **Donaukanals** sind in den letzten Jahren von der Szene entdeckt worden. Zwischen dem Kanal und der mächtigen Donau liegt der 2. Bezirk, die **Leopoldstadt** (🗺 F/G 2/3), die sich im zentrumsnahen Bereich mittlerweile zu einem hippen Trendviertel gemausert hat. Teil des 2. Bezirks ist auch der **Prater** (🗺 H-K 3-5) – dank Vergnügungspark, Wiesen, Wäldern und Auflächen ein beliebtes Naherholungsgebiet.

Selbiges gilt auch für die 21 km lange **Donauinsel** (🗺 Karte 3, C–E 1–3), die zur Hochwasserregulierung ab 1972 als künstliche Insel im Strom aufgeschüttet worden ist. Das dabei entstandene stadtauswärts gelegene Entlastungsgerinne trägt den Namen **Neue Donau** – dort lässt es sich wunderbar baden. Denn das Wasser ist ruhig und klar, ganz im Gegensatz zum eigentlichen Strom auf der anderen Inselseite, der sich mit aller Kraft durch sein Bett schiebt. Außerdem ist die Insel bei Joggern, Radfahrern, Skatern, FKK-Anhängern und auch für Grillpartys gleichermaßen beliebt.

Am jenseitigen Ufer der Neuen Donau befindet sich die **Donaucity** (🗺 Karte 3, C/D 1) mit ihrer markanten modernen

Skyline, die wiederum von einem anderen Freizeitparadies, der **Alten Donau,** umschlossen wird. Dahinter liegen einerseits die großen Stadterweiterungsgebiete der letzten Jahrzehnte, andererseits beginnen nur ein Stückchen weiter flussabwärts die Auwälder der **Lobau** (⚏ Karte 3, D/E 2/3) mit ihren herrlichen Naturbadeplätzen, die bereits Teil des **Nationalparks Donauauen** sind. Alles, was sich nordöstlich der Donau befindet, wird im Übrigen spöttisch ›Transdanubien‹ genannt.

Zwischen Ring und Gürtel

Bis 1850 waren die heute dicht verbauten Bezirke 3 bis 9 eigenständige Vororte und durch den Linienwall nach außen hin geschützt. Dieser Erdwall wurde dann bald geschliffen. Seine Spur zieht sich heute als vielbefahrene, vierspurige Straße namens **Gürtel** in einem Halbrund um die inneren Bezirke: In **Wieden** befinden sich Botschaften, in **Neubau** tummeln sich Studenten und Alternative, in **Margareten** wohnen Arbeiter und in **Josefstadt** sind wohlsituierte Bürger daheim.

Besonders interessant in diesem Stadtdschungel sind das **Schloss Belvedere** im Konsulatsviertel (⚏ F/G 6/7), der **Naschmarkt** am kleinen Fluss Wien (⚏ D/E 6), die Einkaufsmeile **Mariahilfer Straße** (⚏ A–C 6/7) sowie das Kreativviertel **Neubau** mit dem **Museumsquartier** (⚏ D 5). Dieses Kulturareal schlägt von hier die Brücke zur City, es ist Teil einer architektonischen Einheit, die über das Naturhistorische und das Kunsthistorische Museum und über den Ring hinweg mit der **Hofburg** im 1. Bezirk verbunden ist.

Wienerwald im Westen

Jenseits des Gürtels liegt **Schloss Schönbrunn** (⚏ Karte 3, B 3), noch weiter franst die Stadt in die sanften Hügel des Wienerwaldes aus. Dort sind Rehe, Füchse und Wildschweine daheim, wird hervorragender Wein angebaut und sorgt frischer Wind für gute Luft in der ganzen Stadt, selbst im Hochsommer. Ganz im Norden erhebt sich hier der 484 m hohe **Kahlenberg** (⚏ Karte 3, B/C 1), von dem Sie den schönsten Blick auf Wien genießen können.

Herr Ober!

Voll das Klischee? Ja schon, aber: Obwohl sich Wien im letzten Vierteljahrhundert dramatisch veränderte, hat genau dieses Bild Bestand. Gegen diese Tradition kommen weder amerikanische Fast-Coffee-Ketten an noch die schicken Third Wave Coffees – alles hat nebeneinander Platz. Allerdings haben sich auch im klassischen Kaffeehaus die Zeiten gewandelt: Heute kann man nicht nur bei einer Melange in ausgelegten Zeitungen schmökern, sondern dank kostenlosem WLAN sekundenaktuell am Ball bleiben.

Helden von heute ...

... führen keine Kriege. Sie demonstrieren für mehr Toleranz, gegen Gewalt oder gegen Rechts – und treffen sich zu Kundgebungen vorzugsweise am Heldenplatz. Der hat seinen Namen von jener Art Helden, die noch Schlachten gewinnen mussten, um als solche zu gelten. Flankiert wird er vom Äußeren Burgtor, das allerlei mahnende Denkmäler beherbergt. Die meiste Zeit des Jahres verlaufen sich die Leute auf diesem riesigen Platz und geben sich typisch wienerisch: Sie chillen. Im Frühsommer 2016 lieferten die Lichtinstallationen der Künstlerin Victoria Coeln die spektakuläre Kulisse dazu.

Pfeif' aufs Meer!

Salzkruste auf der Haut, nein Danke! Wir lassen uns lieber vom seidenweichen Wasser der Neuen Donau umschmeicheln. Sand unter den Füßen, die dicht bewachsene Donauinsel vor Augen, die Hügelkette des Wienerwaldes im Hintergrund … so haben wir die Illusion, mitten in der Natur zu sein! Wäre da nicht der Millennium Tower am anderen Ufer, der »Stadtgebiet« schreit. Mit einem Sundowner in der Hand erholen wir uns von der Gluthitze der sommerlich aufgeheizten Stadt. So lässt es sich leben! Zu unserem Stadtstrand, dem Copa Beach, gelangen wir übrigens ganz bequem mit der U-Bahn.

17

Ihr Wien-Kompass

#2

Edel-Shopping –
**Kärntner Straße,
Graben, Kohlmarkt**

#3

Alles Gold, was
glänzt – **die Hofburg**

Eher unbescheiden

UNLÄNGST
IM LOTTO
GEWONNEN?

#1

Häppchenweise
Geschichte – **Altstadt
und Stephansdom**

Flanieren durch
die Jahrhunderte

WOMIT FANGE ICH AN?

2 3

1

15

14

13

12

HIER FEHLT ES EINEM
AN NICHTS!
WEINANBAU MITTEN
IN DER STADT

#15

Wiener Weinselig-
keit – **beim Heurigen**

Dobar dan.

Günaydın.

Ni hao

#14

Balkanpower –
**das Ottakringer
Brunnenviertel**

Sinnliche Reise in Raum und Zeit

BADEZEUG NICHT VERGESSEN!

#13

Der Kaiser neue
Pracht – **Schloss und
Park Schönbrunn**

#12

Strombilder mit
Skyline – **an der
Donau**

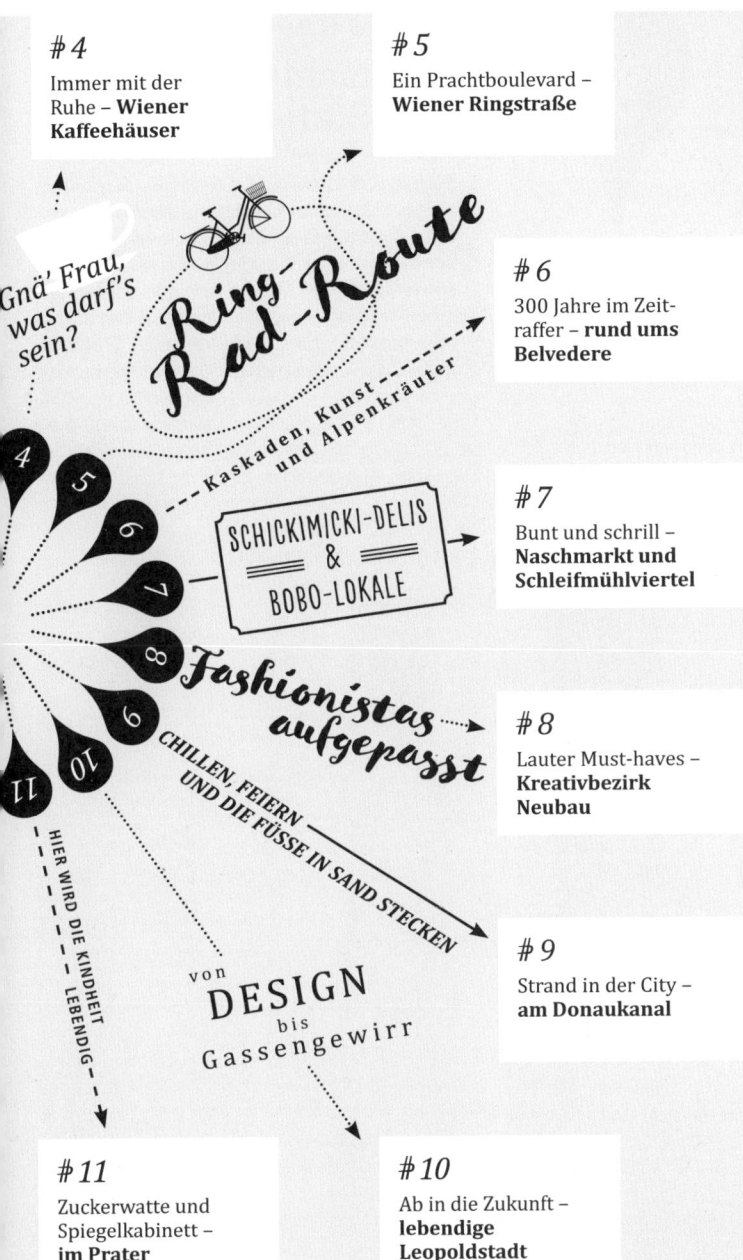

 # 4

Immer mit der Ruhe – **Wiener Kaffeehäuser**

 # 5

Ein Prachtboulevard – **Wiener Ringstraße**

Gnä' Frau, was darf's sein?

Ring-Rad-Route

 # 6

300 Jahre im Zeitraffer – **rund ums Belvedere**

Kaskaden, Kunst und Alpenkräuter

SCHICKIMICKI-DELIS & BOBO-LOKALE

 # 7

Bunt und schrill – **Naschmarkt und Schleifmühlviertel**

Fashionistas aufgepasst

 # 8

Lauter Must-haves – **Kreativbezirk Neubau**

CHILLEN, FEIERN UND DIE FÜSSE IN SAND STECKEN

 # 9

Strand in der City – **am Donaukanal**

HIER WIRD DIE KINDHEIT LEBENDIG

von DESIGN bis Gassengewirr

 # 11

Zuckerwatte und Spiegelkabinett – **im Prater**

 # 10

Ab in die Zukunft – **lebendige Leopoldstadt**

1

Häppchenweise Geschichte – **Altstadt und Stephansdom**

Schiefe und krumme, mit zahllosen Geschäften und Lokalen belebte Gassen, drumherum Geschichte satt. Wie schön, dass die Wiener Fremdenführer diesen Brocken in kleinen Häppchen servieren können. An die Anfänge des historischen Zentrums von Wien, längst als Weltkulturerbe geadelt, erinnert vor allem der Stephansdom, das alles überragende Wahrzeichen.

Dieses psychedelisch wirkende Gemälde hängt in keinem Museum – so sieht es aus, wenn sich der Stephansdom im Haas Haus spiegelt.

Dreihunderteinundvierzig, zweiundvierzig, dreiundvierzig … uff, geschafft! Noch pumpert das Herz vom Aufstieg über exakt 343 Wendeltreppenstufen – durchschnaufen – und schon raubt die Aussicht den Atem. Wow, ist das schön! Über die bunt glasierten Ziegel des Kirchendachs schweift der Blick weiter über das Häusermeer der Wiener Altstadt, 136 m tiefer wirken die vielen Touristen, die sich zur Dombesichtigung einfinden, wie Ameisen.

Seit 1433 ragt der Südturm des **Stephansdoms 1** in den Himmel und auch von unten betrachtet ist er so markant, dass man den Nordturm erst auf den zweiten Blick bemerkt: Er wurde aufgrund der Türkenkriege nicht wie geplant fertiggestellt, sondern nur mit einem Helmdach im Stil der Renaissance versehen. Alles in allem beherrscht die gewaltige Kathedrale im Zentrum Wiens wie schon auf mittelalterlichen Kupferstichen die Stadtansicht.

Vorbei an zahllosen Selfiestick-Knipsern führt Sie das spätromanische Riesentor ins Kircheninnere: gotische Architektur vom Feinsten mit filigranen Steinmetzarbeiten. Das Glanzstück ist die Kanzel, die von Dombaumeister Pilgram 1510–14 geschaffen wurde. Im Gegensatz dazu schwelgt der Hochaltar in frühbarocker Opulenz, wie überhaupt die Ausstattung größtenteils barockisiert wurde.

Wilder Mix der Epochen

Verlassen Sie den Stephansplatz über die Singerstraße und biegen Sie nach wenigen Schritten in die Blutgasse ab. Der Innenhof des **Hauses Nr. 3 2** gewährt Einblicke in die Wiener Wohnkultur vergangener Zeiten. An den umlaufenden Laubengängen lagen die Wohnungstüren. Dort traf man sich zum Plausch, dort kam es aber auch mal zu lautstarken Streitereien wegen der aufgehängten Wäsche.

Von der Blutgasse ist es nur ein kurzer Weg zum **Mozarthaus Vienna 3**, untergebracht in jenem Haus, in dem das Musikgenie für zweieinhalb Jahre lebte und arbeitete. Im Fokus der Ausstellung, die auch durch die historische Wohnung führt, stehen Mozarts Wiener Jahre, die den Höhepunkt seines Schaffens darstellten.

Übers Lugeck gelangen Sie zum **Hohen Markt 4**. Hier können Sie einen Blick auf die im Jugendstil ausgearbeitete Ankeruhr werfen, die im ersten Stock die beiden Häuser Nr. 10 und Nr. 11 verbindet. Danach peilen Sie die **Ruprechtskirche 5** an, auf einer Anhöhe über dem Donaukanal gelegen. Sie gilt als älteste Kirche

ÜBRIGENS

Jeden Sommer entbrennen hitzige Diskussionen über das Wohlergehen der Fiakerpferde, die auf dem aufgeheizten Asphalt neben dem Dom auf Kundschaft warten müssen. Seit 2016 bekommen die Tiere ab einer Temperatur von 35° C im Schatten hitzefrei, an den übrigen Tagen haben Sie es selbst in der Hand. Mal ganz ehrlich: Sooo romantisch ist eine Kutschfahrt auch wieder nicht …

ÜBRIGENS

Wie kann man die Innenstadt nur so verschandeln! Groß war der Aufruhr, heftig der Protest, als 1986/87 bekannt wurde, dass exakt gegenüber vom Stephansdom ein moderner Bau, entworfen vom Stararchitekten Hans Hollein, geplant war. Gebaut wurde trotzdem, und längst haben sich die Wiener damit angefreundet. Urteilen Sie selbst: Stein des Anstoßes war das unübersehbare **Haas-Haus**, in dessen Glasfassade sich der Dom spiegelt.

Noblesse oblige. Diese Gasse führt am ehrwürdigen Palais Ferstel vorbei zum berühmten und ziemlich feinen Café Central, früher ein Treffpunkt verarmter Literaten, die hier beim Kaffee die Kohlen für die Heizung sparten.

der Stadt, ihre romanischen Grundmauern datieren ungefähr auf das Jahr 1130. Der Innenraum, dessen Mittelpunkt ein steinerner Altar bildet, besticht durch seine Schlichtheit.

Jüdisches Wien

Auch Wiens Geschichte hat ihre dunklen Kapitel: Schräg gegenüber der Ruprechtskirche können Sie in der Seitenstettengasse den **Jüdischen Stadttempel** 6 besichtigen, der vom Biedermeier-Architekten Josef Kornhäusl entworfen wurde. Nur wenige Gehminuten entfernt erinnert am **Judenplatz,** wo die Wiener Juden im Mittelalter ihr Zentrum hatten, ein monolithisches Mahnmal an die Verbrechen der Nazi-Zeit. Gleich daneben ist in den Überresten der 1420/21 zerstörten Synagoge ein Teil des sehenswerten **Jüdischen Museums** 7 untergebracht. Die Kulisse ringsum lässt von den tragischen Ereignissen nichts erahnen: Der Judenplatz, der auf allen vier Seiten von herrlichen Fassaden zwischen Barock und Gründerzeit umgeben ist, zählt nämlich zu den stimmungsvollsten Orten der City.

Das Mahnmal auf dem Judenplatz berührt schmerzlich. Bodenplatten führen die Namen aller Orte auf, an denen österreichische Juden unter der NS-Herrschaft ermordet wurden.

Ausschwung ins Café

Geht's gerade auf das Wochenende zu? Lust auf einen Marktbummel? Denn jetzt ist es nur noch ein Katzensprung zur **Freyung** 8, einem weiteren schönen Platz der Altstadt, wo jeden Freitag und Samstag ein Biobauernmarkt sowie in der Oster- und Adventszeit ein nostalgischer Themenmarkt stattfinden. Besonders schön sind hier die beiden eine Einheit bildenden Paläste Harrach und Ferstel, die durch wunderschöne Passagen und Innenhöfe erschlossen sind. Das im italienisch inspirierten Stil gebaute **Palais Ferstel** galt bei seiner Eröffnung 1860 als Wiens modernstes Gebäude.

Hier befand sich der Sitz der österreichisch-unga-rischen Nationalbank, die Räumlichkeiten wurden später zum berühmten Literatencafé Central um-gebaut, wo der kleine Streifzug durch die Wiener Altstadt seinen würdigen Abschluss findet.

INFOS/ÖFFNUNGSZEITEN

Stephansdom `1`: Allg. Infos auf www.stephansdom.at, Besucherinfos auf www.stephanskirche.at, Besichtigung Mo–Sa 9–11.30, 13–16.30, So 13–16.30 Uhr, nördliches Seitenschiff immer, Hauptschiff nur zur Messe Eintritt frei, sonst 6/2,50 € inkl. Audioguide, Aufstieg Südturm 5/2 €.
Mozarthaus Vienna `3`: Domgasse 5, www.mozarthausvienna.at, tgl. 10–19 Uhr, 11/4,50 €.
Ruprechtskirche `5`: Ruprechtsplatz 1, www.ruprechtskirche.at, Di 11–13, Mi bis 16.15, Do bis 16.45, Fr 13–16.45, 21–24, Sa 12.15–15.30 Uhr, Eintritt frei.
Jüdischer Stadttempel (Synago-ge) `6`: Seitenstettengasse 4, nur im Rahmen von Führungen, Mo–Do 11.30, April–Okt. auch 14 Uhr, 10 €.
Jüdisches Museum `7`: Juden-platz 8, www.jmw.at, So–Do 10–18, Fr 10–14 Uhr, 12/8 €, bis 18 Jahre frei.

KULINARISCHES FÜR ZWISCHENDRIN

Zuckerbäckerkunst auf höchstem Niveau zum perfekt zubereiteten Kaffee gibt's im traditionsreichen **Café Central** `1` (Ecke Herrengasse/Strauchgasse, T 01 533 37 63 24, www.cafecentral.wien, Mo–Sa 7.30–22, So, Fei 10–22, Klaviermusik tgl. ab 17 Uhr, warme Mehlspeisen ca. 7 €).
Feine Torten und Mehlspeisen serviert die ebenfalls alteingesessene **Café-Konditorei Aida** `2` (Singer-straße 1/Stephansplatz, T 01 89 08 98 82 10, aida.at, Mo–Sa 7–22, So, Fei 8–22 Uhr, Mehlspeisen ca. 3,50 €).
Vitaminreich und gesund können Sie sich stärken mit Salaten und frisch gekochtem Ethno-around-the-world-Food in der **Hidden Kitchen** `3` (Färbergasse 3, T 01 276 83 98, www.hiddenkitchen.at, Mo–Do 10–16, Fr bis 15 Uhr, Tagesmenü ab 9,30 €).

Cityplan: E/F 4 | **Metro** U1, U3: Stephansplatz, U2, U4: Schottentor

Edel-Shopping –
Kärntner Straße, Graben, Kohlmarkt

Die Wiener Innenstadt ist nicht nur mit Sehenswürdigkeiten gespickt, sie gilt auch als allererste Shoppingadresse für Menschen mit einem dicken Plus auf dem Konto. Egal, wie es um die eigenen Finanzen bestellt ist – ein Schaufensterbummel ist Pflicht!

Schau mal – ist das schön! Hast Du den Preis gesehen …? Am Kohlmarkt löst vieles den Haben-wollen-Reflex aus, man braucht aber ein prall gefülltes Bankkonto.

Es funkelt, glitzert und glänzt. Da gibt es Lüster, die im dreistöckigen Atrium schweben, Spiegel, die den Raum zu vergrößern scheinen, Gläser, die die Lichter tausendfach brechen. Gefertigt werden die edlen Produkte von Hand, teils in der Werkstätte im 3. Bezirk, wo man noch nach der alten, ansonsten ausgestorbenen Kupferradtechnik poliert. Zur Schau gestellt wird die gläserne Ware des ehemaligen K-u-k.-Lieferanten **J & L. Lobmeyr** [1] im vierstöckigen Haus in der Kärntner Straße Nr. 26. Seit 1823 empfängt man hier die Kundschaft, die

INFOS/ÖFFNUNGSZEITEN
J & L. Lobmeyr 1: Geschäft mit
Glasmuseum, Kärntner Straße 26, www.
lobmeyr.at, Mo–Fr 10–19, Sa bis 18 Uhr.
Looshaus 2: Michaelerplatz 3, Mo–Fr
9–15, Do bis 17.30 Uhr.

KULINARISCHES FÜR ZWISCHENDRIN
Bleiben wir bei der Tradition. In der
K.u.K. Hofzuckerbäckerei Demel ❶
(Kohlmarkt 14, T 01 53 51 71 70, www.
demel.at, tgl. 8–19 Uhr, Gulaschsuppe
8,90 €) schmecken nicht nur die Torten,
sondern auch die Schinkenfleckerl. In
der Bar **Zum Schwarzen Kameel** ❷
(Bognergasse 5, T 01 53 38 12 50,
www.kameel.at, tgl. 8–24 Uhr, pro Hap-
pen ca. 2 €) stärken Sie sich bei einem
Glas Grünem Veltliner und legendären

Beinschinken-Semmeln in originalem
Jugendstilambiente.

Cityplan: E 4/5 | **Metro** U1, U2, U4: Karlsplatz, U1, U3: Stephansplatz,
U3: Herrengasse

heute durch ein opulentes gründerzeitliches Portal
eintritt. In den oberen Schauräumen hat die Firma
ein kleines Museum eingerichtet.

Das exklusivste U der Stadt

Die Firma Lobmeyr ist eines jener Wiener Traditi-
onsunternehmen, die der Globalisierung bisher
standgehalten haben. Es ist kein Zufall, dass das
erlesene Geschäft ausgerechnet in der **Kärntner
Straße** zu finden ist! Wie an den Fassaden un-
schwer zu erkennen ist, galt diese Adresse bereits
in der Monarchie als nobel. Noch in der Zwischenkriegszeit frequentierten vornehme Städter auf der
Suche nach standesgemäßer Ware in erster Linie
Kärntner Straße, Graben und Kohlmarkt – die in
etwa ein U formen und zu einer durchgehenden
Fußgängerzone verbunden worden sind.

Pause für Füße und Portemonnaie

Sitzt Ihnen im Urlaub das Geld lockerer? Dann
sind Sie hier goldrichtig. Das Angebot ist geho-
bener und luxuriöser als im Rest der Stadt. Zwar
sind mittlerweile auch in der Innenstadt in so
manches historische Haus schnöde internationale Ketten gezogen, doch es überwiegen exklusive

Nobel lassen sich am
Graben sogar dringende
Bedürfnisse erledigen:
Zwei streng nach
Geschlechtern getrennte
Abgänge führen in die
unterirdische **Toiletten-
anlage,** die mit edlen
Materialien ganz im
Jugendstil ausgestal-
tet ist. Klobrillen aus
Eichen- und Teakholz,
Armaturen aus Messing
und ornamentale Fliesen
geben dem schnöden
Erleichterungsort ein
vornehmes Gepräge.

Der Donnerbrunnen ist nicht nur kunsthistorisch bedeutend, er hat auch andere Qualitäten, die dieser hitzegeplagte Vierbeiner offenbar zu schätzen weiß. Soll Frauchen doch zerren, soviel es mag …

Läden, die etwa Wäsche, Parfümerie oder aber auch stilvolle Souvenirs anbieten. Aber lassen Sie auch mal den Blick von den Auslagen: Speziell am **Graben,** der zu den schönsten Plätzen Wiens zählt, ist ohnehin eine Pause für Augen, Füße und das Konto angesagt – Caféterrasse (teuer) oder Brunnenrand zu Füßen der barocken Pestsäule (umsonst) stehen zur Wahl.

Schauen kostet nichts

Wieder aufgerafft und die Kreditkarte gezückt! Am Ende des Grabens, wo er zum Kohlmarkt umknickt, taucht man ein ins **Goldene Quartier** (zwischen Tuchlauben, Bognergasse und Am Hof), wo die Flagshipstores angesagter Designer von Emporio Armani bis Prada residieren. Am **Kohlmarkt** selbst sind viele Juweliere mit klangvollen Namen wie Cartier oder Tiffany zu finden.

Auch wenn in Ihrem Geldbörsel bereits Ebbe herrscht, gehen Sie den Kohlmarkt bis zum Michaelerplatz zu Ende – hier steht das berühmte **Looshaus 2**, dessen bis aufs Erdgeschoss schmucklose Fassade 1909 für maßlose Empörung sorgte. Bei der Inneneinrichtung hingegen, Funktionalismus hin oder her, wurde an nichts gespart. Wie so oft trügt eben der äußere Schein. Überzeugen Sie sich selbst, die heutige Bankfiliale dürfen Sie einfach so betreten.

ÜBRIGENS

Man gönnt sich ja sonst nichts … Beim Herrenausstatter und Maßschneider **Knize** 🔒 (Am Graben 13, www.knize.at), dessen Geschäftsräume von Adolf Loos gestaltet wurden, lässt sich der Mann von Welt den Anzug auf den Leib schneidern. Passende Lederschuhe vom eigens für ihn geschnitzten Leisten gibt's dazu beim Maßschuhmacher **Rudolf Scheer & Söhne 2** (Bräunerstraße 4, www.scheer.at).

→ **UM DIE ECKE**

Der **Neue Markt,** ein Straßenzug hinter der Kärntner Straße, wird vom Donnerbrunnen (1739) dominiert, den Allegorien der Donau-Nebenflüsse schmücken. Hier liegt auch der Eingang in die **Kapuzinerkirche 3**, in deren **Kaisergruft** man die aufwendig gestalteten, letzten Ruhestätten von mehr als 30 Habsburgern bewundern kann (www.kaisergruft.at, tgl. 10–18, Do ab 9 Uhr, 7,50/4,50 €).

Alles Gold, was glänzt –
die Hofburg

3

Falsche Bescheidenheit war in der Residenz der österreichischen Kaiser noch nie angesagt: In einer der bedeutendsten Schatzkammern der Welt funkeln kostbare Steine an goldenen Kronen, in der Hofreitschule tanzen edle Lipizzaner ihr Ballett, und der barocke Prunksaal der Nationalbibliothek gilt als schönster seiner Art.

Beginnen wir mal mit einer Pause: Stellen Sie sich am **Heldenplatz** 1 einfach nur hin, blenden den Trubel ringsum aus und atmen durch. Es gibt keinen anderen Platz auf dieser Welt, an dem vergangene Majestät so intensiv zu spüren ist wie hier. Die Reiterstandbilder zweier österreichischer Helden (daher auch der Name) beherrschen den riesigen Platz: Prinz Eugen von Savoyen, der Türkenbezwinger, sowie Erzherzog Karl, der Napoleon bei Aspern besiegt hatte.

Ob der gekrönte Löwe in der Hofburg dem Kaiser die Zunge zeigt? Oder stellt er den Herrscher dar, der über sein Volk lacht?

*Schöne alte Welt,
analog statt digital: Im
Prunksaal der National-
bibliothek fühlt man sich
an Spitzwegs berühmtes
Gemälde »Der Bücher-
wurm« erinnert.*

ÜBRIGENS

Es war ein riesiger Skan-
dal: die Premiere von
Thomas Bernhards Stück
»Heldenplatz« im Burg-
theater 1988. Am Ende
des Dramas schwillt das
›Sieg Heil‹-Geschrei der
Massen, die Adolf Hitler
beim ›Anschluss‹ im Jahr
1938 begeistert begrüßt
hatten, zu unerträglicher
Lautstärke an. Führende
Politiker von FPÖ bis
SPÖ protestierten
vehement. Erst in den
1990er-Jahren begann
man in Österreich
mit der Aufarbeitung
der eigenen NS-Ver-
gangenheit. Vorher
wollte niemand von den
Verbrechen im Dritten
Reich gewusst haben.
Heute demonstriert man
am Heldenplatz gerne für
mehr Toleranz.

In Richtung Innenstadt, zwischen den beiden
Denkmälern hindurch, sieht man den ältesten
Teil der **Hofburg** **2**. Ihre Anfänge gehen auf
das 13. Jh. zurück, als die Babenberger – deren
unmittelbare Erben die Habsburger waren – be-
schlossen, Österreich von hier aus zu regieren.
Mit dem stetigen Machtzuwachs der Habsburger wurde die Burg das Zentrum der Römischen
Kaiser Deutscher Nation und im Laufe der Jahrhunderte zu ihrer vollen Größe ausgebaut. Heute
residiert hier der Bundespräsident der Republik.

Eine pompöse Residenz

Wenn Sie sich gegen den Uhrzeigersinn drehen,
öffnet sich der Blick zum Volksgarten und dahinter zur Ringstraße. Anschließend rückt das äußere Burgtor ins Blickfeld, das ab 1824 das alte,
von Napoleon zerstörte Stadttor ersetzte. Das Naturhistorische Museum und das Kunsthistorische
Museum auf der anderen Seite des Rings waren
Teile des Plans, die Hofburg bis zu den Hofstallungen (heute Museumsquartier) als repräsentatives
Kaiserforum auszubauen. Kernpunkt hätte die
Neue Burg sein sollen, die linker Hand zu sehen
ist. Dieser Seitenflügel zur eigentlichen Burg, ab
1869 gebaut, ist pompöser als der alte Trakt.

Der ursprüngliche Plan träumte von einem gegenüberliegenden, spiegelgleichen Anbau, der
jedoch angesichts der politischen Spannungen
vor dem Ersten Weltkrieg nicht mehr verwirklicht
wurde. Heute schaut man hier über eine Freiflä-
che in Richtung Volksgarten.

Kostbarkeiten ohne Ende

Nur Teile der Hofburg sind öffentlich zugänglich,
doch selbst für diese, allesamt hochkarätige Museen, benötigt man viel Zeit. Also gut überlegen,
was wirklich interessiert! Ein Highlight ist die **Kaiserliche Schatzkammer** **3** in der Alten Burg, eine
der bedeutendsten ihrer Art auf der ganzen Welt.

Im Zentrum steht der wichtigste Kronschatz
aus dem Mittelalter: die Insignien und Kleinodien
des Heiligen Römischen Reichs mit der Reichs-
krone (ca. 962) und der heiligen Lanze. Besonders wertvoll auch die Krone Kaiser Rudolfs II.,
die spätere Kaiserkrone Österreichs (1602), der
Burgunderschatz aus dem 15. Jh. sowie Teile des
Schatzes des Ordens vom Goldenen Vlies.

Schatzkammer **3**: www.kaiserliche-schatzkammer.at, Mi–Mo 9–17.30 Uhr, Eintritt 12 €, bis 19 Jahre frei, Audioguide 5 €.

Nationalbibliothek Prunksaal **4**: Josefsplatz 1, www.onb.ac.at, Di–So 10–18, Do bis 21 Uhr, Juni–Sept. auch Mo, 8 €, bis 19 Jahre frei.

Neue Burg mit Weltmuseum Wien **5**: Heldenplatz, www.weltmuseum-wien.at, Do–Di 10–18, letzter Fr im Monat bis 21 Uhr, 12 €, bis 19 Jahre frei, die Hofjagd- und Rüstkammer des Kunsthistorischen Museums unter dem gleichen Dach sind im Ticket eingeschlossen.

Wiener Hofmusikkapelle **6**: Hofburgkapelle im Schweizerhof, jeden So zur Messe um 9.15 Uhr, T 01 533 99 27 12, www.hofmusikkapelle.gv.at; Ticketverkauf Fr 11–13, 15–17, So ab 8 Uhr, 12–38 €, Stehplätze So ab 8.30 Uhr kostenfrei. Ticketverkauf auch bei den Bundestheaterkassen, Operngasse 2.

Spanische Hofreitschule **7**: Michaelerplatz 1, www.srs.at, Führungen tgl. 14–16 Uhr, 19 €, Morgenarbeit Di–Sa 10–12 Uhr, 16 €, Vorführungen lt. Programm, Sommerpause Juli–Mitte Aug.

Albertina **8**: Albertinaplatz 1, www.albertina.at, tgl. 10–18, Mi, Fr bis 21 Uhr, 16,90 €, bis 19 Jahre frei, Audioguide 4 €.

Das sollte man nicht verpassen: Das schöne **Café Hofburg** **1** im inneren Burghof eignet sich gut zur Erholung zwischen den Museumsbesuchen (T 01 24 10 04 20, www.cafe-hofburg.at, tgl. 10–18 Uhr, Sacher Würstel 9,50 €). Die Café-Bar-Brasserie **Palmenhaus** **2** im Burggarten (T 01 533 10 33, www.palmenhaus.at, Mo–Fr 10–24, Sa ab 9, So, Fei 9–23 Uhr, Cocktail ab 8,50 €) serviert neben tollen Kuchen auch Wiener und mediterrane Gerichte. Man sitzt im ehemaligen Palmenhaus oder auf der Terrasse mit Blick ins Grüne.

Cityplan: D/E 4/5 | **Metro** U2, U3: Volkstheater, U3: Herrengasse

Bücherwürmer aufgepasst

Man liest ja bekanntlich gern in schöner Umgebung, aber so etwas … Der barocke Prunksaal der ehemaligen Hofbibliothek, heute Teil der **Nationalbibliothek** **4**, ist einer der schönsten Bibliotheksäle der Welt. 80 m lang und 20 m hoch, gekrönt von einer Kuppel mit Fresken des Hofmalers Daniel Gran. Mehr als 200 000 Bände sind hier auf- und ausgestellt, darunter eine der größten Sammlungen von Reformationsschriften Martin Luthers.

Nur ein paar Schritte braucht es zu den nächsten Museen. In der **Neuen Burg** **5** sind einige Sammlungen des Kunsthistorischen Museums untergebracht sowie das neu renovierte **Weltmuseum Wien** – das Teile seiner unglaublich um-

▶ LESESTOFF

Urlaubslektüre für Unerschrockene: Leicht zu lesen, ziemlich spannend und mit viel Lokalkolorit versehen. **Tod in der Hofburg – Ein Fall für Sarah Pauli** ist ein klassischer Krimi von Beate Maxian.

Begehbares Gemälde auf der Treppe zur Albertina: Wer hier stolpert, fällt in Monets »Seerosenteich«.

Dass Sie heute im **Burggarten** entspannt im Gras liegen dürfen, verdanken Sie der Burggartenbewegung, die zwischen 1979 und 1981 für die Freigabe des Rasens kämpfte, der damals nicht betreten werden durfte. Die Demonstranten, die hin und wieder von der Polizei mit Schlagstöcken vertrieben wurden, fanden sogar bei Nina Hagen Unterstützung.
Im **Volksgarten** wiederum setzen Sie sich am besten auf ein Bankerl im Rosengarten und lassen sich vom Duft bezaubern: Hier blühen rund 3000 Rosen in knapp 250 Sorten.

fassenden völkerkundlichen Sammlung zur Schau stellt, darunter einen einzigartigen Federkopfschmuck aus Mittelamerika.

Singende Knaben und tanzende Pferde

Sehr lebendig, in diesem Fall musikalisch, lässt sich der vergangene Glanz des Habsburgerreichs aber auch bestaunen. Sonntags zur Messe spielt das Ensemble der **Wiener Hofmusikkapelle** 6 in der Hofburgkapelle. Es ist natürlich keine Allerwelts-Combo – sie besteht aus Mitgliedern der Wiener Philharmoniker (ehemals Hofopernorchester), Chorsängern der Wiener Staatsoper sowie den Wiener Sängerknaben, deren glockenhelle Stimmen ebenso in der ganzen Welt bekannt sind. Der älteste Hinweis auf einen Knabenchor in der Hofburgkapelle datiert übrigens auf das Jahr 1296!

Klassische Musik ist auch aus der nahen barocken Reithalle zu vernehmen – die Stars hier sind natürlich die Lipizzanerhengste der **Spanischen Hofreitschule** 7, die von ihren uniformierten Bereitern (nach jahrelangen Diskussionen neuerdings auch Bereiterinnen) morgens trainiert und abends galamäßig vorgeführt werden. Seit 450 Jahren pflegt man hier die klassische Reitkunst in der Renaissancetradition.

Dürers bekanntestes Werk

Zurück ins Museum, ein wenig schaffen Sie noch. Ziel ist das **Albertina-Palais** 8, dessen grafische Sammlung mit rund 50 000 Zeichnungen und Aquarellen sowie rund 900 000 Drucken wohl jeden überfordert. Das berühmteste Bild ist Albrecht Dürers »Feldhase«, der jedoch leider nicht im Original ausgestellt wird – lediglich eine Kopie ist in den Prunkräumen zu sehen.

Den Mittelpunkt der Schausammlung bilden originale Hauptwerke von Monet, Renoir, Degas, Cézanne und Toulouse-Lautrec. Ein weiterer Schwerpunkt liegt auf Werken des deutschen Expressionismus (»Die Brücke«, »Der Blaue Reiter«). Die Epoche des Surrealismus ist durch Miró, die russische Avantgarde durch Malewitsch und Lissitzky vertreten, hinzu kommen einige späte Picassos.

So ändern sich die Zeiten: Im Burggarten lustwandelten früher nur Majestäten.

Die Füße hochlegen

Jetzt aber Schluss für heute! Auf der Rückseite der Albertina kommen Sie über den Burggarten, den einstigen Privatgarten des Kaisers, wieder zurück zur Hofburg. Im schönen **Palmenhaus** ❷, das zu den Jugendstil-Juwelen Wiens zählt, können Sie in der Café-Bar-Brasserie einkehren oder im rückwärtigen Teil noch das **Schmetterlinghaus** 9 besuchen. Oder Sie machen es wie die Studenten und legen sich im Schatten eines alten Baums ins Gras oder auf einen der bereitgestellten Liegestühle. So viel zu Schau gestellter Reichtum will eben wohl verdaut sein.

Die Lipizzanerhengste in der Spanischen Hofreitschule strotzen nur so vor Kraft, Eleganz und Geschmeidigkeit. Damit sie diese Form erreichen, müssen sie über Jahre hinweg täglich trainiert werden.

Immer mit der Ruhe –
Wiener Kaffeehäuser

Das Wiener Kaffeehaus ist legendär – aber noch längst keine Legende! Es lebt als Treffpunkt der bunten Wiener Gesellschaft: Bloggerinnen neben Hofratswitwen, Banker neben Soziologiestudenten, Schichtarbeiter neben Müßiggängern. Der Ober serviert die Melange – und die Zeit steht still.

Melange bedeutet nicht viel mehr als ›Mischung‹. Was sich in dieser Wiener Kaffeespezialität auf so wunderbare Weise verbindet, sind herber Mokka und sanft geschäumte Milch.

Dezent klappern die Löffel, Unterhaltungen plätschern in gedämpfter Lautstärke vor sich hin, Zeitungsblätter rascheln. Kleine Marmortische stehen in Reih und Glied, flankiert von je einem Holzstuhl auf der offenen Seite und weichen Sitzbänken an der Wand. Drei Herren sitzen wie aufgefädelt, jeder unter einem separaten ovalen Spiegel, und lesen konzentriert, was die Presse heute zu berichten hat. Unauffällig gleitet der

Ober mit blütenweißem Hemd und obligatorischer Fliege zum Anzug übers Linoleum.

Wer das 1920 als Tanzlokal ›Sans Souci‹ eröffnete **Café Bräunerhof** ❶ nicht kennt, geht achtlos an den gelben Fliesen vorüber, die den Eingang markieren. Was gut ist, denn so hat sich dieses Kaffeehaus mitten im touristischen Trubel der Innenstadt seine ur-wienerische Atmosphäre erhalten – obwohl es als ehemaliges Stammcafé von Thomas Bernhard sogar bescheidenen Ruhm erlangte. Aber Achtung: »Typisches Flair« heißt auch, dass der Ober mitunter ein wenig mürrisch ist und nicht jedes Eckerl immer glänzt.

Wer hetzt, verliert

Für den Wiener sind Kaffeehäuser fixe Bestandteile seines Alltags und schlicht selbstverständlich. Ein Café ist als Treffpunkt schicklich für wirklich jeden, der dem rotznasigen Teenageralter entwachsen ist, und selbst die trendigsten Cafés von heute können dem Wiener Kaffeehaus nichts anhaben. Beides besteht nebeneinander.

Im Kaffeehaus herrscht ein Flair gelassener Geselligkeit und dennoch bleibt jeder für sich. Hier wird Frühstück bis Mittag serviert, kleine Speisen wie Würstel oder Toast, vor allem aber Kuchen, Torten und Mehlspeisen – zumeist hausgemacht. Man kann aber auch stundenlang bei einer Tasse Kaffee sitzen bleiben, eine der ausgelegten Zeitungen lesen, mit Freundinnen ratschen oder Geschäftliches besprechen. Groß die Überraschung des Obers – niemals Kellner sagen –, wenn der Gast schon nach einer halben Stunde zahlen möchte. Immer diese Eile! Versuchen Sie es einmal typisch wienerisch und Sie werden feststellen, dass man diese Gemütlichkeit im Blut haben muss, sonst wird man schnell nervös beim allzu langen Sitzen.

Die Grandezza eines Ringstraßencafés

Garderobenständer, Mehlspeisenwagerl, Zeitungspult und ein Gummibaum im Eck – ein echtes Wiener Kaffeehaus haben Sie sich mondäner vorgestellt als den Bräunerhof? Dann auf in ein Ringstraßencafé! Das älteste erhaltene ist das **Café Schwarzenberg** ❷, ein Kaffeehaus, wie man es sonst nur aus Filmen kennt. Beim Eintritt wischt man 100 Jahre ab und steht in der glanzvollsten Epoche der Habsburger-Monarchie.

Ü
ÜBRIGENS

Nur Banausen bestellen bloß einen **Kaffee**. Die meisten Wiener trinken ihn als Melange, Großen oder Kleinen Braunen: Eine Melange ist ein verlängerter Espresso mit warmer Milch und reichlich Milchschaum. Ein Brauner ist Espresso, serviert mit einem extra Kännchen Sahne, der Große Braune ein doppelter Espresso. Filterkaffee ist im Kaffeehaus jedoch tabu. Wem der Braune zu stark ist, bestellt einen Verlängerten: mit heißem Wasser aufgegossener Espresso. Ein Verkehrter ist ein Drittel Espresso, zwei Drittel Milch – neudeutsch also eine Latte.

N
NOCH WAS

Mehlspeisen – das klingt so gar nicht lecker? Weit gefehlt. So bezeichnet der Wiener alle süßen Verführungen als Abschluss oder Ersatz einer Mahlzeit: z. B. Schmarren, Strudel, Buchteln, Palatschinken (eine Art Crêpe), Obst- und Germknödel. Dass es sie in solcher Vielzahl gibt, liegt an den katholischen Fastenvorschriften, die an rund 150 (!) Tagen im Jahr Fleisch verboten.

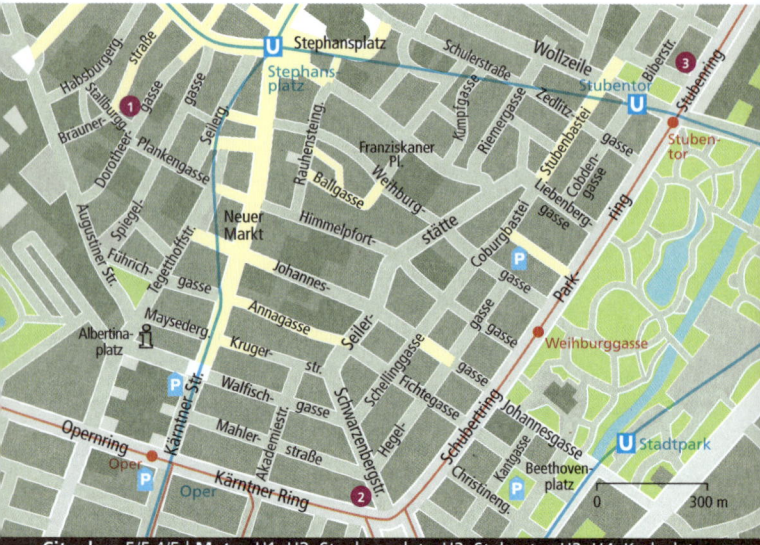

Cityplan: E/F 4/5 | **Metro** U1, U3: Stephansplatz, U3: Stubentor, U2, U4: Karlsplatz

INFOS/ÖFFNUNGSZEITEN

Café Bräunerhof ❶: Stallburggasse 2, T 01 512 38 93, Mo–Fr 8–19.30, Sa 8–18.30, So, Fei 10–18.30, warme Küche 12–15 Uhr, Sa/So, Fei klassische Kaffeehausmusik, gespielt von einem Trio (Geige, Cello, Piano), 15–18 Uhr.
Café Schwarzenberg ❷: Kärntner Ring 17, T 01 512 89 98, www.cafe-schwarzenberg.at, Mo–Fr 7.30–24, Sa/So ab 8.30 Uhr, Livemusik (Klavier und Geige, außer Juli/Aug.) Do/Fr 19.30–23, Sa/So 17–20.30 Uhr, an bestimmten Terminen So Jazz-Frühstück.

ALLER GUTEN DINGE SIND DREI

Ein weiteres Highlight am Ring ist das **Café Prückel** ❸. Die original erhaltene Innenausstattung im vorderen Teil entwarf Oswald Haerdtl, einer der bekanntesten Wiener Architekten und Designer der 1950er-Jahre. Die opulente Jugendstildecke im hinteren Trakt wurde restauriert. Auch dieses Café ist berühmt für seine frischen Strudel und Mehlspeisen (Stubenring 24/Luegerplatz, T 01 512 61 15, www.prueckel.at, tgl. 8.30–22 Uhr, Live-Klaviermusik Mo, Mi, Fr 19–22 Uhr).

Hohe Räume, mal mit Holz, mal mit dunklem Stein vertäfelt, an den Wänden riesige Spiegel, die die Ringstraßenpaläste draußen ins Café holen, Marmortischchen auf dem Steinfußboden, genagelte Ledersitze und Bänke – das Schwarzenberg bemüht sich sehr um Ursprungstreue. Sein berühmtester Stammgast war Josef Hoffmann, der Begründer der Wiener Werkstätte. Der ließ sich mittags ins Schwarzenberg chauffieren, um dort den gesamten Nachmittag zu verbringen. Keine schlechte Idee, oder?

Ein Prachtboulevard –
Wiener Ringstraße

 # 5

… das ist Wien – grandios! Burgtheater, Staatsoper, Universität, Rathaus, Parlament, Stadtpark – die Donaumonarchie feierte sich im ausgehenden 19. Jh. mit dem Bau dieses Prachtboulevards. Über die Grünstreifen der breiten Straßenschneise flitzen heute die Radfahrer, in den Parks dösen Studenten und Touristen.

Friedlich teilen sich Fußgänger und Radfahrer die breite Allee an der Außenseite des Rings, des Wiener Prachtboulevards. Dieser war in der glanzvollsten Zeit des K.-u.-k.-Reichs entstanden, als Kaiser Franz Josef I. die Stadtmauern schleifen und die so gewonnenen riesigen Freiflächen repräsentativ ausbauen ließ. Zwischen Kaiserresidenz, Theater, Oper und Museen gaben Adelige

Skandale am Burgtheater sind so alt wie das Haus am Ring selbst. Sie gehören bis heute zu den liebsten Gesprächsthemen der Wiener – ebenso wie die Ernennung neuer Intendanten.

herrliche Paläste in Auftrag, elegante Cafés eröffneten und in den schattigen Gartenanlagen flanierte man vor dieser beeindruckenden Kulisse. Mit ausgeborgten Citybikes lassen sich heute die imposanten Zeugnisse dieser Epoche wunderbar und bequem erkunden.

Verweilen oder weiterradeln?

Die Ringrunde startet am **Schwedenplatz** am Franz-Josefs-Kai – es gibt sowohl an der Ecke zur Rotenturmstraße als auch bei der Urania eine Citybike-Station. Ein gelber Radwegweiser ›Ringstraße‹ zeigt die Richtung an. Bald nach der Abzweigung vom Kai auf den Ring rückt rechter Hand die **Postsparkasse** 1 ins Blickfeld,

INFOS/ÖFFNUNGSZEITEN

Citybikes: An elf Stationen am Ring und am Kai (120 in ganz Wien) können Sie nach Registrierung mit Kreditkarte (übers Internet, www.citybikewien.at, oder direkt am Terminal, Anmeldegebühr 1 €) Räder unkompliziert ausleihen und auch wieder zurückgeben. Die erste Stunde ist gratis, die zweite kostet 1 €, die dritte 2 € und ab der vierten Stunde jeweils 4 €. Wenn Sie das Rad zurückgegeben haben, können

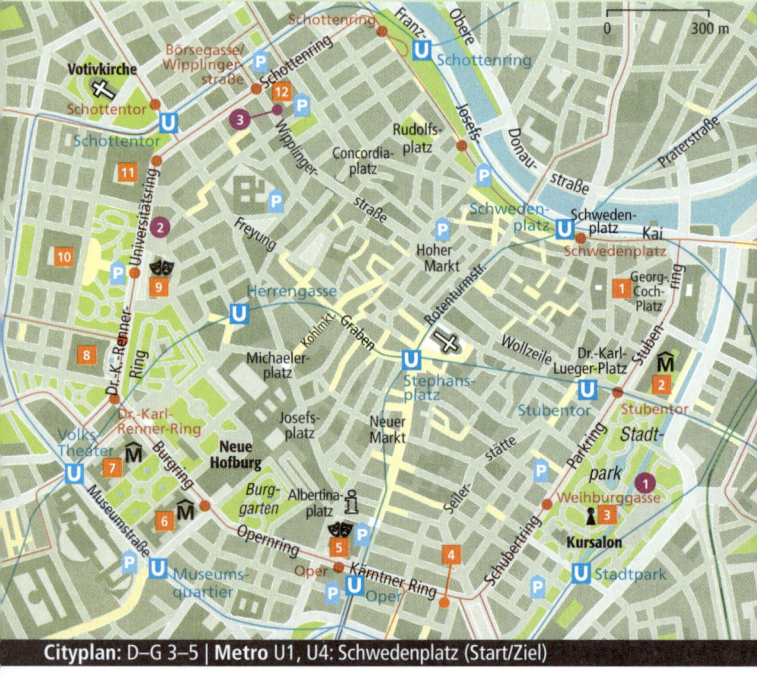

Cityplan: D–G 3–5 | **Metro** U1, U4: Schwedenplatz (Start/Ziel)

die vom berühmten Jugendstilarchitekten Otto Wagner erbaut und ausgestattet wurde. Nach einem Blick in die Kassenhalle radeln Sie weiter bis zum Dr.-Karl-Lueger-Platz.

Auf der linken Seite steht das MAK, das **Museum für Angewandte Kunst** 2, das Design vom Mittelalter bis heute mit dem Schwerpunkt Wiener Werkstätte zeigt. Das wuchtige, ziegelrote Haus im Neorenaissancestil ist nicht zu übersehen. Das Fahrrad geben Sie bei einem Museumsbesuch am besten an der Station genau gegenüber wieder ab.

Der erste Höhepunkt ist der **Stadtpark,** die erste öffentliche Parkanlage Wiens von 1862. Auf den geschwungenen Wegen um einen gro-

Er galt als Miesepeter – das Johann-Strauß-Denkmal im Stadtpark zeigt den ›Schani‹, wie die Wiener ihn liebevoll nennen, jedoch in glänzender Laune.

Sie schon 15 Min. später das nächste nehmen und die Rechnung beginnt von vorne.
Die Runde mit der Straßenbahn:
13 Straßenbahnstationen verteilen sich über Ring und Kai – zwischen Schwedenplatz und Rathaus verkehrt die Linie 2, zwischen Oper und Schwedenplatz die Linie 1. Die **Vienna Ring Tram** führt ab/bis Schwedenplatz in einer knappen halben Stunde einmal um den Ring herum, über Kopfhörer Kommentare auch in Wiener Mundart (tgl. 10–17.30 Uhr alle 30 Min., 12/6 €).
Postsparkasse 1: Georg-Coch-Platz 2, Schalterhalle zu Öffnungszeiten der Bank (Mo–Fr 8–17 Uhr) frei zugänglich, Museum ›Wagner: Werk‹ (ca. 200 historische Fotos, Pläne und Dokumente), www.ottowagner.com.
MAK – Museum für Angewandte Kunst 2: Stubenring 5, www.mak.at, Di 10–22, Mi–So 10–18 Uhr, 12 €, bis 19 Jahre frei.
Hofburg: ▶ S. 27
Kunsthistorisches Museum 6: Maria-Theresien-Platz, www.khm.at, tgl. 10–18, Do bis 21 Uhr, 16 €, bis 19 Jahre frei.
Naturhistorisches Museum 7: Maria-Theresien-Platz, www.nhm-wien. ac.at, Do–Mo 9–18.30, Mi bis 21 Uhr, 12 €, bis 19 Jahre frei.

Burgtheater 9: Universitätsring 2, www.burgtheater.at, Führungen tgl. 15 Uhr, außer bei Nachmittagsvorstellungen, Kartenverkauf ab 14.45 Uhr, 8/4 €.

KULINARISCHES FÜR ZWISCHENDRIN
In der einstigen Milchtrinkhalle (1903) im Stadtpark serviert heute die **Meierei** 1 feines Frühstück sowie jede Menge Milch & Käse – sie ist ein Ableger des besten Restaurants Österreichs, des **Steirereck** gleich nebenan (Am Heumarkt 2a, T 01 713 31 68 10, www.steirereck.at, Mo–Fr 8–23, Sa/So 9–19, Frühstück bis 12 Uhr, kleines Frühstück 8,90 €).
Im **Kunsthistorischen** und im **Naturhistorischen Museum** lädt jeweils ein Café-Restaurant in der prachtvollen Kuppelhalle zur Unterbrechung der Tour (zu Museumsöffnungszeiten).
Im traditionsreichen **Café Landtmann** 2 beim Burgtheater serviert man als Spezialität den Mozartkaffee (Universitätsring 4, T 01 24 10 01 20, www.landtmann.at, tgl. 7.30–24 Uhr, Mozartkaffee mit Likör 8,50 €).
In der historischen Markthalle der Börse können Sie im **Hansen** 3, von viel Grün umgeben, frühstücken, lunchen oder dinieren (Wipplingerstraße 34, T 01 532 05 42, www.hansen.co.at, Mo–Fr 9–23, Sa 9–17 Uhr, kleine Speisen ab 10 €).

ßen künstlichen Teich sind Rentner, Liebespaare und Jogger unterwegs (das Rad muss draußen bleiben; Citybike-Stationen an beiden Ecken zum Ring). Das meistfotografierte Motiv im Park ist das vergoldete **Johann-Strauß-Denkmal** 3 – ebenso auffällig wie die japanischen Touristen, die sich gegenseitig davor ablichten. Ein ziemlich feines zweites Frühstück oder einfach nur gute Bergmilch gibt's dann in der **Meierei** 1 auf der anderen Uferseite des Flüsschens Wien.

Kronjuwelen, Rubens oder Dinosaurier

Steigen Sie am anderen Ende des Stadtparks wieder in den Sattel, so ziehen auf den nächsten zwei Kilometern die berühmtesten Gebäude der Ringstraße vorüber: zunächst links das **Hotel Imperial** 4, das erste Luxushotel der Stadt und auch heute noch die feinste Adresse, danach rechts die **Staatsoper** 5, die zu den besten Opernhäusern der Welt zählt. Anschließend passieren Sie den **Burggarten** an der Rückseite der Hofburg. Er ist bereits Teil des imperialen Ensembles, das nun folgt und das als monumentales Kaiserforum geplant war: Burggarten, Hofburg und Heldenplatz auf der einen (▶ S. 27), Natur- und Kunsthistorisches Museum auf der anderen Seite.

Während in der Hofburg der Kronschatz ausgestellt ist, verwahrt das **Kunsthistorische Museum** 6 Kunstschätze, die von den in dieser Hinsicht durchaus leidenschaftlichen Habsburgern zusammengesammelt wurden. Abgedeckt ist die Zeit vom Alten Ägypten bis etwa 1800; Schwerpunkte liegen auf der Kunst der Renaissance und des Barock. Wirklich einzigartig ist die **Kunstkammer,** die das komplette Wissen der Zeit vom späten Mittelalter bis in die Ära des Barock in seltenen und kuriosen, in komplizierten und merkwürdigen Stücken zur Schau stellt.

Da können Sie nicht auch noch rein, schon klar – das gegenüberliegende **Naturhistorische Museum** 7 ist eher etwas für einen Regentag: Es ist ein Tempel der Naturwissenschaften mit einer schier uferlosen Zahl an alten Holzvitrinen und Wandschaukästen sowie sukzessive neu gestalteten Schauräumen. Am spektakulärsten ist mit Sicherheit der Saal 10, in dem lebensgroße Dinosaurierskelette und -modelle aufgestellt sind, ergänzt um die Computeranimation eines Allo-

Sein Gebiss ist wahrhaft furchteinflößend – gut, dass der Allosaurus im Naturhistorischen Museum schon ein paar Jahre tot ist.

sauriers. Die Innenräume beider Museen sind, ganz nebenbei bemerkt, auch architektonisch schwer beeindruckend.

Auf zur letzten Runde

Das Citybike parkt während des Museumsbesuchs am Volksgarten, gegenüber dem **Parlament** 8, das aussieht wie ein griechischer Tempel. Nach einer gemütlichen Rast nehmen Sie anschließend den Ausgang auf der anderen Seite und schon stehen Sie vor dem **Burgtheater** 9. Die Burg, wie man es gemeinhin nennt, wurde von den beiden Ringstraßenarchitekten Gottfried Semper und Karl von Hasenauer entworfen. Hinter der Neorenaissance-Fassade sind Fresken von Gustav Klimt und Ernst Klimt sowie ein prunkvolles Treppenhaus zu bestaunen. In einer Achse mit dem Theater erhebt sich exakt gegenüber der schlanke, neogotische **Rathausturm** 10, flankiert von vier kleineren Türmchen.

Nehmen Sie sich nun an der Citybike-Station Rathausplatz das letzte Mal ein Rad, um die Ringrunde abzuschließen. Schon kommt die **Universität** 11 ins Blickfeld – nach einem kurzen Stopp, um einen Blick in den Arkadenhof im Inneren zu werfen, geht es weiter. Etwas nach hinten versetzt taucht die neogotische Votivkirche im Blickfeld auf, danach auf der rechten Seite die **Börse** 12, das letzte der großen Ringstraßengebäude auf der Ringrunde.

Geschafft! Das finale Stück hinunter zum Kai ist leicht abschüssig, sodass die Tour völlig entspannt wieder am Schwedenplatz endet. Gönnen Sie sich jetzt Ihre wohlverdiente Riesentüte Eis. Wo? Immer der Menschentraube nach.

Ü
ÜBRIGENS

Groß genug ist der **Rathausplatz** ja … so öffnen dort im Winter die Buden des größten Christkindlmarkts der Stadt, ab Mitte Januar finden Schlittschuhläufer am Wiener Eistraum ihr Vergnügen. Im Sommer gibt's open air das mittlerweile ziemlich bekannte **Musik Film Festival,** das auch wegen seines kulinarisch weltumspannenden Angebots an etlichen Ständen populär geworden ist. Kommen Sie abends wieder und lassen Sie sich das nicht entgehen (filmfestivalrathausplatz.at)!

6

300 Jahre im Zeit-
raffer – **rund ums**
Belvedere

Prinz Eugen ließ sein Schloss Belvedere in eine ländliche Vorstadt pflanzen – heute ist der Schlosspark auf allen Seiten von dichtem, wenngleich sehr gepflegtem Stadtdschungel umgeben. Die Zeitreise von der barocken Karlskirche übers Belvedere zur modernen Kunst im Ableger jenseits des Gürtels führt angenehmerweise direkt durch diese Grünoase.

Dieses Licht, diese besondere Stimmung – einzigartig! Obwohl: Mit dem richtigen Smartphonefilter bekommen Sie den Schnappschuss von der Karlskirche vielleicht sogar ähnlich hin.

Die entspannte Zeitreise beginnt gleich mit einem architektonischen Paukenschlag: Was der Stephansdom für das Mittelalter, ist die **Karlskirche** 1 für die Zeit des Barock. Sie wurde von Kaiser Karl VI. als Dank für das Ende der Pestepidemie in Auftrag gegeben und nach fast 20-jähriger Bauzeit 1735 eingeweiht. Die Karlskirche besticht durch ihre gewaltige Raumwirkung bis hinauf in die Kuppel, deren 1250 m² Fläche von einem farbenprächtigen Fresko von Michael Rottmeyr überzogen ist – das lässt sich bei der Auffahrt mit dem Lift aus nächster Nähe betrachten. Die Karlskirche zählt zu den schönsten Barockdomen nördlich der Alpen.

Kleiner Park, viel zu tun

Der Resselpark vor der Kirche wird vom Ring begrenzt. Auf der anderen Seite dieser viel befahrenen Straße ist die **Albertina Modern** 2 im März 2020 ins Künstlerhaus eingezogen. Diese neue Dependance der Albertina zeigt zeitgenössische Kunst von Valie Export bis Andy Warhol. Wieder zurück im Park, gilt es noch, dem **Otto-Wagner-Pavillon** 3 mit einer Schau zu Leben und Werk des österreichischen Jugendstilpapstes einen kurzen Besuch abzustatten – das Stationsgebäude mit den goldenen Verzierungen hat er selbst entworfen.

Oh – mein – Gott! Welch barocke Inszenierung! Die Fresken in der Karlskirche spielen mit optischen Tricks, von denen sich heutige Instagram-Stars noch einiges abschauen können.

Kein Berliner Schicksal

Nach diesem vollen Programm am Karlsplatz führt der Weg hinter der Kirche zum **Hochstrahlbrunnen** 4 am Schwarzenbergplatz. Der Brunnen, dessen mächtige Fontäne in der Nacht farbig beleuchtet wird, entstand 1873 anlässlich der Fertigstellung der ersten Wiener Hochquellwasserleitung, die noch heute die Wiener mit frischem Gebirgswasser versorgt.

Flankiert wird er vom Denkmal zu Ehren der Soldaten der Sowjetarmee, das 1945 von der Roten Armee errichtet wurde und heute meist nur ›**Russendenkmal**‹ genannt wird. Nicht mehr viele können sich daran erinnern, dass Wien für zehn lange Jahre eine zwischen den Mächten aufgeteilte Stadt war. Gleich dahinter liegt am Rennweg ein Eingang zum Schloss Belvedere, wo 1955 der Staatsvertrag unterzeichnet wurde, der Österreich wieder ein freies Land sein ließ – und Wien das Schicksal Berlins ersparte.

Die schöne Aussicht

Als das **Schloss Belvedere** 6 Anfang des 18. Jh. erbaut wurde, lag es vor den Toren der Stadt. Der durch den Türkenkrieg reich gewordene Feldherr Prinz Eugen von Savoyen ließ sich hier vom Hofarchitekten Johann Lukas von Hildebrandt einen Sommersitz errichten. Hildebrandt entwarf eine ausgedehnte, streng symmetrische, barocke Gartenanlage mit Wasserspielen, Kaskaden und Skulpturen. An die beiden Enden des leicht abfal-

Ü
ÜBRIGENS

Im **Diplomatenviertel** zwischen Karlsplatz und Hauptbahnhof wird repräsentiert was das Zeug hält. Flankiert vom langgestreckten Belvederegarten reiht sich hier eine Botschaft an die andere. Auch für den Nachwuchs ist gesorgt: In der **Diplomatischen Akademie** 5 wird der Tanz auf dem internationalen Parkett gelehrt. Diese (nicht ganz billige) Schule geht auf die Orientalische Akademie zurück, die 1754 von Kaiserin Maria Theresia gegründet wurde – sie ist damit die weltweit älteste ihrer Art.

Und nun mal was für die Gärtner unter uns: Zum Schloss Belvedere gehört der **Alpengarten** **7**, einer der ältesten Europas mit 4000 alpinen Pflanzenarten (Ende März–Anfang Aug. tgl.). Auch der von Maria Theresia gegründete und von der Universität gepflegte Botanische Garten (tgl.) ist direkt über den Schlosspark zu betreten.

Der neue **Wiener Hauptbahnhof** (2014) gegenüber dem 21er Haus war ein gigantisches Infrastrukturprojekt und zugleich ein Beispiel für vorbildliches ›Urban Mining‹: Insgesamt 1,5 Mio. Tonnen Material aus dem Abbruch des alten Bahnhofs wurden direkt an der Baustelle wieder verwertet. Vorbildlich auch die Stadtentwicklung: Das neue Sonnwendviertel, das an den Hauptbahnhof anschließt, gruppiert sich um einen 7 ha großen Park.

lenden Gartens setzte er zwei Schlösser: Im **Unteren Belvedere,** mit den Wohn- und Prunkräumen des Prinzen, sowie in der ehemaligen Orangerie werden heute hochkarätige Sonderausstellungen präsentiert, im Prunkstall ist das Schatzhaus Mittelalter untergebracht.

Vom **Oberen Belvedere,** das dem Prinzen vorwiegend zur Repräsentation diente, hat man einen fantastischen Blick über den Garten mit Wien im Hintergrund. In den entsprechend ihrem Zweck besonders prachtvollen Räumen ist die bedeutendste Sammlung österreichischer Kunst vom Mittelalter bis zur Gegenwart ausgestellt, ergänzt durch Werke internationaler Künstler wie Claude Monet, Vincent van Gogh oder Max Beckmann. Höhepunkt ist die weltweit größte Sammlung von Klimt-Gemälden, darunter die goldenen Jugendstilikonen, die auch Sie bestimmt kennen: »Der Kuss« und »Judith I«.

Jenseits des Gürtels

Der vielbefahrene Gürtel trennt das Belvedere-Ensemble vom Schweizergarten, an dessen westlicher Seite – mit Blick auf den 2014 eröffneten modernen Hauptbahnhof – das **Belvedere 21** **8** untergebracht ist. Im Mittelpunkt der wechselnden Ausstellungen steht die österreichische Kunst des 20. und 21. Jh.

Hinter dem Museum beginnt das **Arsenal** **9**, gebaut infolge der Märzrevolution von 1848 als riesiger Militärkomplex. Von den ursprünglich 72 massiven Sichtziegelbauten, die in ihrem verspielten neogotisch-maurisch-byzantinischen Stil richtiggehend heiter wirken, sind noch fast alle erhalten. Von hier aus nahm die letzte große kaiserliche Architekturepoche ihren Ausgang, die im Bau der Ringstraße ihre Krönung fand.

→ UM DIE ECKE

Nehmen wir auch das letzte Eck des Parks auf unserer Tour mit – hier kommen wir schnell ins Staunen: Obstbäume, Gemüsebeete, Kräuterschnecken und Bienenstöcke wirken im Häusermeer wie freundliche Aliens. Der **KarlsGarten** ist Wiens erster Schau- und Forschungsgarten für Urban Farming, die Bienen liefern dem angeschlossenen Lokal **Heuer am Karlsplatz** **3** den Honig.

INFOS/ÖFFNUNGSZEITEN

Karlskirche **1**: www.karlskirche.
at, Mo–Sa 9–18, So, Fei 12–19 Uhr,
Erhaltungsbeitrag inkl. Panoramalift in
die Kuppel 8/4 €.
Albertina Modern **2**: www.albertina.
at. Das Haupthaus hinterm Burggarten
platzt aus allen Nähten, so präsentiert
man die Moderne neuerdings hier im
Künstlerhaus, tgl. 10.-18 Uhr, 12 €.
Otto-Wagner-Pavillon **3**: April–Okt.
Di–So, Fei 10–13, 14–18 Uhr, 5 €, bis
19 Jahre und 1. So im Monat Eintritt frei.
Belvedere **6**: www.belvedere.at,
Oberes Belvedere tgl. 9–18, Fr bis 21 Uhr,
16/13,50 €, bis 19 Jahre frei, Unteres
Belvedere tgl. 10–18, Fr bis 21 Uhr, 14/
11 €, bis 19 Jahre frei; Kombiticket 25 €,
Tickets online buchbar, Garten gratis.

Belvedere 21 **8**: Arsenalstraße 1,
www.belvedere21.at, Di–So 11–18, Do,
Fr bis 21 Uhr, 9/7 €, bis 19 Jahre frei.

KULINARISCHES FÜR ZWISCHENDRIN

Das **Café Menagerie** **1** im Oberen
Belvedere serviert im Sommer Kaffee
und Kuchen sowie kleine Speisen im
Schlossgarten (geöffnet zu den Bel-
vedere-Öffnungszeiten, T 01 320 11 11,
Kuchen ca. 4,50 €).
Die **Bakery** **2** im hippen Hotel Daniel
zählt zu den angesagtesten Adressen
in diesem Viertel (Landstraßer Gürtel 5,
T 01 901 31-903, www.hoteldaniel.
com, tgl. 6.30–1 Uhr, wechselndes
Mittagsmenü 9,50 €, reichhaltiges
Frühstücksbuffet 22 €).

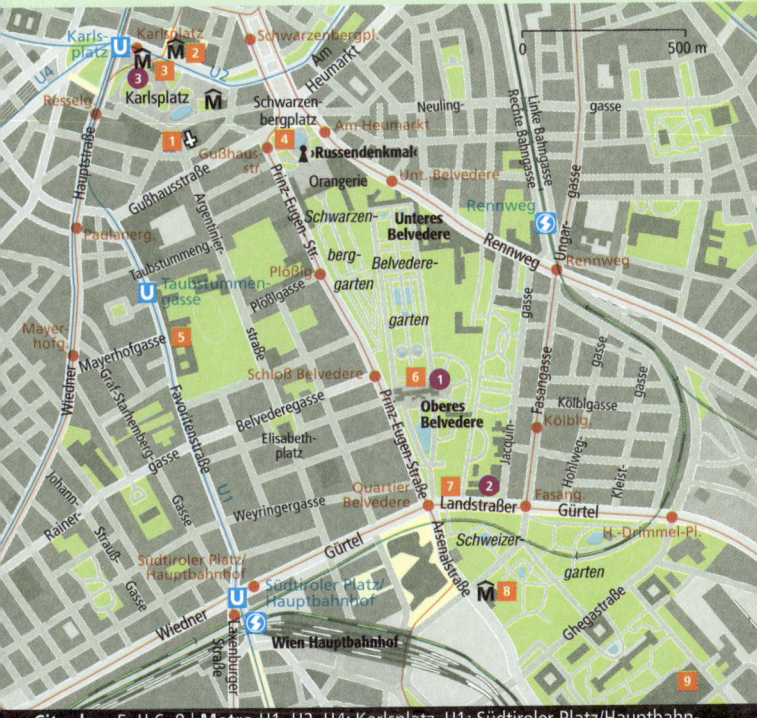

Cityplan: E–H 6–8 | **Metro** U1, U2, U4: Karlsplatz, U1: Südtiroler Platz/Hauptbahn-
hof

7

Bunt und schrill –
Naschmarkt und Schleifmühlviertel

Klassische Marktstände, Schickimicki-Delis, Bobo-Lokale und ein Flohmarkt locken ein kunterbunt gemischtes Stadtpublikum an – und all das vor der einzigartigen Kulisse ornamentaler Jugendstilhäuser und der goldenen Kuppel der Wiener Secession. Wunderbar! Doch die wahren urbanen Trendsetter sind bereits ein paar Gassen weiter gezogen.

Immer die gleiche Frau! Gustav Klimts Obsession für Emilie Flöge bezeichnen die einen als krankhaft, andere nennen es Liebe. Hier hat er seine Muse auf dem Beethovenfries im Secessionspavillon verewigt.

Süßwasserfisch aus Bio-Zucht, Wachteleier von artgerecht gehaltenen Tieren, Speck vom Freiland-Mangalitzaschwein, saisonales Obst und Gemüse vom Biohof, Bergkäse von kleinen, traditionell arbeitenden Sennereien – jeden Samstag bestimmt ein bodenständiges, zunehmend nachhaltiges Angebot den **Naschmarkt** `1`. Genau genommen findet der heimische Bauernmarkt am

Platz vor den historischen Marktzeilen statt, denn in seinem Kern hat sich der Naschmarkt rasant verändert: Noch zur Jahrtausendwende dienten die rund 120 Stände, die sich hier seit 1902 in zwei Zeilen aneinanderreihen, vorwiegend der Nahversorgung. 20 Jahre später setzen nur mehr eine Handvoll Händler auf die klassische Ware, der Rest hat umgesattelt auf Trendgastronomie oder Schickimicki-Deli oder bietet exotische Produkte von saftigen Mangos bis zu gusseisernen Woks.

Kulinarische Weltreise

Das mag zwar nicht mehr wirklich traditionell sein, lässt aber das Hippster-Herz höher schlagen – wo ist noch mal der nächste Bankautomat? Nirgendwo in Wien ist die kulinarische Palette breiter als am Naschmarkt – sonnengedörrte Tomaten, Zitronengrasstängel, marinierte Oliven, Jakobsmuscheln, karibische Linsensuppe, Matscha-Tee, Himbeerbalsamico, gegrillte Dorade, hausgemachter Eistee, frische Kräuter, Fair-Trade-Schokolade, Falafel, Chicken Biryani, Palatschinken … Der Naschmarkt hat sich zur Fressmeile Wiens gewandelt und zieht damit mehr Publikum an als je zuvor.

Auf dem Naschmarkt ist nicht nur das Warensortiment bunt, auch die angrenzenden Gebäude bekennen Farbe. Otto Wagners Majolika-Haus gilt als Meisterwerk des Jugendstils. Friedensreich Hundertwasser dürfte sich dort einiges abgeschaut haben …

In den umgebauten, aber klein gebliebenen alten Marktständen kann man einkaufen und einkehren gleichermaßen – gerne kombiniert man beides. Besonders schön, wenn man in der warmen Jahreszeit an einem der unzähligen Tischchen im Freien Platz findet. In lauen Sommernächten kann man hier bis Mitternacht sitzen.

Jugendstil zum Drüberstreuen

Aber bitte – nicht nur auf die Stände, sondern auch mal nach oben gucken. Die Jugendstilgebäude, die den Naschmarkt flankieren, zählen zu den schönsten der Stadt: Otto Wagners Stadtbahnarchitektur (hier fährt heute die U-Bahn) mit dem grün-weißen **Stationsgebäude Kettenbrückengasse** 2 sowie sein Duo an der Linken Wienzeile: das mit Keramik verflieste **Majolika-Haus** sowie das **Goldene Haus** 3 mit seinen fein ziselierten Blumenornamenten. Ein Stückchen weiter in Richtung Zentrum glänzt goldschimmernd die Kuppel der **Secession** 4. ›Krauthappel‹ nennt der Wiener das Teil respektlos, das mit 3000 vergol-

ÜBRIGENS

Hier dürfen Sie sich gerne durchs Sortiment probieren: Das Geschäft der Essigbrauerei **Gegenbauer** (Stand 111–112, www.gegenbauer.at) ist eines der letzten alteingesessenen am Naschmarkt. Die erlesenen, naturbelassenen Essige werden seit 1929 in einer Manufaktur im 10. Bezirk produziert. Darunter gibt es auch Essenzen, die Sie bestimmt noch nie probiert haben, etwa Brombeer- oder Safranessig.

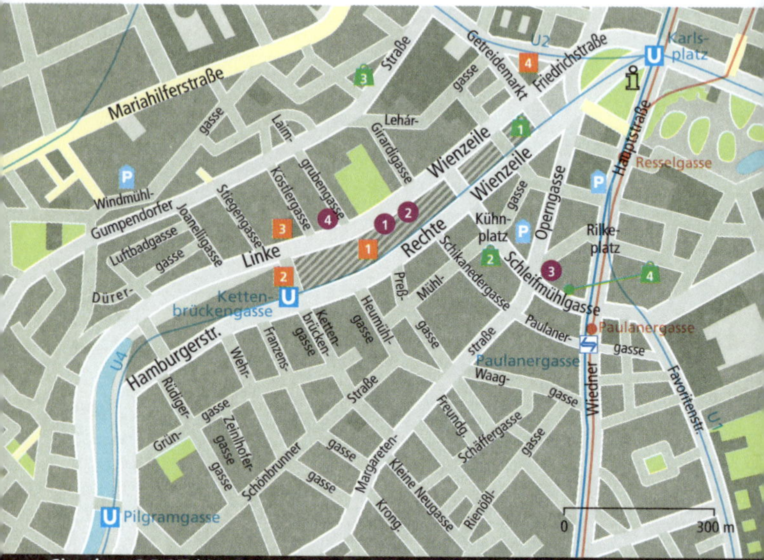

Cityplan: C–E 6/7 | **Metro** U1, U2, U4: Karlsplatz, U4: Kettenbrückengasse

deten Blättern und 700 Beeren einen Lorbeerstrauch ... nun ja, symbolisieren soll. Der Bau ist ein Schlüsselwerk des Wiener Jugendstils, entworfen vom Wagner-Schüler Joseph Maria Olbrich und geplant als Ausstellungspavillon für die Künstler der Secession. Hier ist neben wechselnden Ausstellungen auch Klimts berühmter Beethovenfries zu bestaunen.

Passt in keine Schubladen

Bei schönem Wetter ist der Naschmarkt leider sehr überlaufen, speziell samstags ist oft auf seiner ganzen Länge kein Durchkommen mehr. Auch hat sich das Angebot hier und da dem Mainstream angepasst – viele Trendsetter, die das Revival des Naschmarkts eingeläutet haben, sind wieder abgezogen. Doch in den angrenzenden Gassen des **Schleifmühlviertels** blüht Kreatives und Schräges, Kurioses und Nischenhaftes, verläuft das Leben mit einer urbanen Lässigkeit in einer Dichte, die es in Wien sonst nicht gibt.

Design- und Modeboutiquen, Vintage- und Retroläden, Frühstücksbars und Sektcomptoirs, Teesalons und Kuchencafés, kunstsinnige Galerien und allerlei Crossover-Shops, die sich jegli-

ÜBRIGENS

Unter dem Pflaster fließt ein Fluss ...
Um 1900 wurde das Flüsschen Wien großräumig reguliert: Das unscheinbare Rinnsal sorgte regelmäßig für verheerende Hochwasser. Teils wurde die Wien sogar eingewölbt – und fließt jetzt direkt unter dem Naschmarkt durch. An den Namen Bärenmühldurchgang, Mühlgasse, Heumühlgasse und Schleifmühlgasse merkt man auch: Hier wurden, früher, an einem Nebenkanal der Wien, Mühlen betrieben.

INFOS/ÖFFNUNGSZEITEN

Naschmarkt 1 : Wienzeile zwischen Getreidemarkt und Kettenbrückengasse, Marktstände Mo–Fr 6–19.30, Sa (mit Bauernmarkt) 6–18, Gastrostände Mo–Sa ca. 7–24 Uhr. Achtung: Die angegebenen Zeiten sind die erlaubten Öffnungszeiten, rechnen Sie damit, dass witterungs- und jahreszeitenbedingt früher geschlossen wird.
Secession 4 : Friedrichstraße 12, www.secession.at, Di–So 10–18 Uhr, 9,50/6 €.

KULINARISCHES FÜR ZWISCHENDRIN
Kultstatus hat das **Neni** 1 , wo Ethnoküche mit orientalischen Wurzeln geboten wird (Naschmarkt 510, T 01 585 20 20, www.neni.at, Mo–Sa 8–23 Uhr, Hauptspeisen ca. 13 €). Ein Dauerbrenner ist auch das **Naschmarkt Deli** 2 , oft schon nachmittags mit hippen Sounds (Naschmarkt 421-436, T 01 585 08 23, www.naschmarkt-deli.at, Mo–Sa 7–24 Uhr, Hauptspeisen ca. 13 €).
Im **blue orange** 3 serviert man frische Biobagels (Margaretenstraße 9, T 01 581 17 70, www.blueorange.co.at, Mo–Fr 7.30–21, Sa/So, Fei 9–21 Uhr, Bagels ca. 6,90 €).
Im **Market** 4 gibt's asiatische Küche unter bunten Textilkunstwerken, vom Frühstück bis zum späten Snack (Linke Wienzeile 36, T 01 581 12 50, www.market-restaurant.at, tgl. 8–1, Do–Sa bis 2 Uhr, Mittagsgericht ca. 11,50 €).

CROSSOVER
Hunderte von Kochbüchern, Gewürze & Kräuter sowie hausgemachten Kuchen gibt es bei **Babette's** 2 (Schleifmühlgasse 17, www.babettes.at), Bücher, Vinyl, Möbel und Espresso bei **phil** 3 (Gumpendorfer Straße 10–12, www.phil.info). Bei **Gabarage** 4 wird alles Mögliche recycelt (Schleifmühlgasse 6, www.gabarage.at).

GEBRAUCHT UND OFT SKURRIL
Jeden Samstag (6.30–14 Uhr) findet auf der anderen Seite der Kettenbrücke Wiens **Flohmarkt** statt. Wer kommt, um zu kaufen, sollte früh aufstehen, denn später sind die echten Raritäten alle weggeschnappt.

cher Kategorisierung entziehen, sorgen im Dreieck zwischen Rechter Wienzeile, Operngasse, Margaretenstraße und Kettenbrückengasse für spannende Entdeckungen.

► LESESTOFF

Im Sterbehaus Schuberts treffen die beiden Protagonisten aus **Wiener Passion** – hypochondrischer Gesangslehrer und tatkräftige New Yorker Studentin – aufeinander. Lilian Faschinger fesselt in ihrem Roman den Leser mit der Frage: »Kann das gut gehen mit den beiden?«

Wien meets China … im Market an der Linken Wienzeile

Lauter Must-haves! –
Kreativbezirk Neubau

Selbstbewusst stellen sich junge Wiener Designer gegen den Mainstream. In ihren Ateliers im Häusermeer des 7. Bezirks entwerfen und fertigen sie Mode und Accessoires, die in keine Schublade passen – aber dafür in den Schaufenstern liegen. Große Kunst gibt's im angrenzenden Museumsquartier.

Im MQ ist irgendwie alles Kult – der Hof, die Drinks, die Liegesofas, die Leute … Wer hier abhängt, macht garantiert nichts falsch.

Mit der Eröffnung des Museumsquartiers (kurz MQ) im Jahr 2001 hat sich Wien erneut in die oberste Liga der weltweit aufregendsten Kulturstädte katapultiert. Nicht nur weil das Gelände zu den zehn größten Kulturarealen weltweit zählt: Hinter der längsten Barockfassade Wiens, die Sie vor dem Start der Tour oberhalb der

U-Bahn-Station Museumsquartier betrachten können, wird Kunst nicht nur gezeigt – hier findet sie auch statt. Autonome Kulturinitiativen in den Bereichen Design, Neue Medien oder Mode haben hier ebenso eine Plattform wie Tanz, Architektur oder Theater.

Das Herzstück des Ganzen sind freilich die drei Museen von Weltruf, die auch architektonisch zum Staunen bringen. Während das Leopold Museum und das Museum Moderner Kunst Stiftung Ludwig (MuMok) in zwei großen Kuben untergebracht sind – der eine hellweiß aus Muschelkalk, der andere dunkelgrau aus Basalt –, schwingt sich dazwischen die gerundete, denkmalgeschützte Fassade der **Kunsthalle Wien** , einer ehemaligen Winterreithalle. Schauen Sie auf die Plakate, denn hier finden wechselnde Ausstellungen internationaler Gegenwartskunst statt.

Das Best-of Österreichischer Kunst

Betreten Sie das MQ über einen der Eingänge an der Mariahilfer Straße, und Sie stehen vor dem **Leopold Museum** **2**. In hohen, lichtdurchfluteten Räumen präsentiert die ehemals private Sammlung von Rudolf und Elisabeth Leopold ein Panorama der österreichischen Kunst seit dem ausgehenden 19. Jh. Publikumslieblinge sind insbesondere die größte Egon-Schiele-Sammlung der Welt sowie die Spitzenwerke von Gustav Klimt, die im Rahmen der Ausstellung »Wien 1900« zu sehen sind. Wie's nach diesen beiden weiterging, zeigen die Werke aus der Zwischenkriegszeit u. a. von Albin Egger Lienz.

Eine Pause muss sein, also lassen Sie sich von den im Hof aufgestellten hölzernen Loungemöbeln zu einer gemütlichen Rast überreden. Vielleicht haben Sie auch Lust auf eine Runde Boule oder ein kleines Bier in einem der Gastgärten. Machen Sie es wie die Wiener, lassen Sie sich in dieser Stadtoase ein wenig treiben.

Wer sich für moderne Kunst interessiert, startet danach einen Rundgang durch den dunklen Kubus des **Museums Moderner Kunst Stiftung Ludwig** **3**, kurz MuMok genannt. Teile der umfangreichen Sammlung internationaler Kunst des 20. Jh. – das Spektrum reicht von der Klassischen Moderne über den Wiener Aktionismus bis hin

Ü
ÜBRIGENS

Party im Museumsquartier! Der Hof des MQ vibriert regelmäßig unter fetten Sounds und zuckt unter gleißenden Lichtblitzen. Mal legen DJs auf, dann wieder gibt's Tonkünstler-Klänge, immer aber ist die Stimmung prächtig – zu jeder Jahreszeit, vornehmlich an den Wochenenden (www.mqw.at).

Cityplan: A–D 5/6 | **Metro** U2: Museumsquartier, U3: Neubaugasse, Zieglergasse, U6: Burggasse-Stadthalle, U2, U3: Volkstheater

zur Gegenwartskunst – werden in wechselnden Ausstellungen gezeigt, außerdem immer wieder Sonderschauen.

Gar nicht neu, erst recht nicht bieder

Über die Stufen neben dem MuMok erreichen Sie den Hinterausgang, der Sie in den Kreativbezirk Neubau (7. Bezirk) bringt. Zunächst geht's an den **Spittelberg** mit seinen schmalen, kopfsteingepflasterten Gassen. Auf engstem Raum stehen hier Biedermeierhäuser in einer Geschlossenheit, die man sonst nirgendwo findet. Dieses Grätzl, das viele Kunsthandwerker anzieht, war nicht immer so malerisch: Wo heute abends der Bär mit der Partycrowd steppt, gingen noch vor 100 Jahren die Prostituierten auf und ab.

Wer einen Sinn für Mode hat, die inspiriert, den eigenen Stil zu pflegen, schwärmt von hier aus in die umliegenden Gassen – und hält sich mindestens den Rest des Tages dafür frei: Das von MQ und Neubaugasse, von Neustiftgasse und Mariahilfer Straße begrenzte Quartier ist das Modemekka Wiens. Nach der Eröffnung des MQ zogen viele Designer in die alten Geschäfte des damals bereits totgesagten Viertels – heute stecken die schmalen

INFOS/ÖFFNUNGSZEITEN

Museumsquartier (MQ): Museumsplatz 1, www.mqw.at. Das Areal ist rund um die Uhr frei zugänglich, der Innenhof ein beliebter Treffpunkt.

Kunsthalle Wien 1: www.kunsthalle wien.at, tgl. 11–19, Do bis 21 Uhr, 8/6 €, bis 19 Jahre frei, So»pay as you wish«.

Leopold Museum 2: www.leopoldmu seum.org, Mi–Mo, Juni–Aug. tgl. 10–18, Do bis 21 Uhr, 14/10 €, Audioguide 4 €.

Museum Moderner Kunst Stiftung Ludwig (MuMok) 3: www.mumok.at, Mo 14–19, Di–So 10–19, Do bis 21 Uhr, 13/6,50 €, Do 18–21 Uhr 9 €, bis 19 Jahre Eintritt frei, Audioguide 4 €.

KULINARISCHES FÜR ZWISCHENDRIN

Der Platzhirsch und ein verlängertes Wohnzimmer des 7. Bezirks ist das **Café Europa 1** (Zollergasse 8, T 01 526 33 83, www.europa-lager.at, tgl. 9–5 Uhr). Schon als Klassiker gilt das **Glacis Beisl 2** mit seinem tollen Gastgarten (MQ, Zugang Breite Gasse 4, T 01 526 56 60, www.glacisbeisl.at, tgl. 11–2 Uhr, einfache Hauptspeisen ab 10 €). An trendigen Newcomern im Bezirk verzeichnet man das **Kaffemik 3**, eine puristisch eingerichtete Kaffeebar, in der Kaffeegenuss stylisch zelebriert wird (Zollergasse 5, www.kaffemik.at, Mo–Fr 8–18, Sa 10–18, So, Fei 12–17 Uhr, Spezialkaffee ab 4 €). Unbedingt auch das **Ulrich 4** mit charmantem Ambiente und kreativen Häppchen ausprobieren (St. Ulrichs-Platz 1, T 01 961 27 82, www.ulrichwien.at, Mo–Fr 7.30–2, Sa/ So, Fei ab 9 Uhr, kl. Teller ab 5 €).

MODE AUS ÖSTERREICH

Kirchengasse: Ferrari-Zöchling 1, Nr. 27, www.ferrarizoechling.com; **Vis a vis 2,** Nr. 27, www.fashionvisavis.com; **ulliKo 3,** Nr. 7, www.ulliko.com. **Lindengasse: Elke Freytag 4,** Nr. 14, www.elkefreytag.com. **Neubaugasse: Maronski 5,** Nr. 7, maronski.at; **Art Point 6,** Nr. 35, www.

artpoint.eu; **Kitsch Bitch 7,** Nr. 46, www.kitschbitch.at. **Westbahnstraße: lila 8,** Nr. 3, www. lila.cx.

TRENDIGES GUMPENDORF

Anzüglich 9, Theobaldgasse 9, www. anzueglich.at; **Luv 10,** Gumpendorfer Str. 24, www.luvtheshop.com; **Nachbarin 11,** Gumpendorfer Str. 17, www. nachbarin.co.at.

CONCEPT STORES

Neben den Boutiquen einzelner Labels gibt es im 7. Bezirk auch Concept-Stores, wo Streetware neben Industrial Design, Mode neben Printmedien in den Regalen liegt. Interessant sind **Ebenberg 12** (bio & fair, Neubaugasse 4, auf facebook), **Sight 13** (Kirchengasse 24, www.sight. at) oder **Park 14** (Mondscheingasse 20, auf facebook).

I-TÜPFELCHEN FÜRS OUTFIT

Schmuck, Accessoires und steile Schuhe findet man bei den Vorarlbergerinnen von **Werkprunk 15** (Kirchengasse 7, www.werkprunk.com), coole, extrem durchdachte Taschen bei **Ina Kent 16** (Neubaugasse 34, www.inakent.com). Bei der **Hutmanufaktur Mühlbauer 17** gibt's Kopfbedeckungen für alle Fälle (Neubaugasse 34, www.muehlbauer.at).

COMICS UND GRAPHIC NOVELS

Wer ein Faible für kunstvoll gezeichneten Lesestoff hat, wird in der **Bilderboxvienna 18** (Kirchengasse 40, www. bilderboxvienna.com) fündig.

NATURAPOTHEKE

Bei **Querbeet 19** (Neubaugasse 71, www.querbeet.at) hat man sich der Ethnobotanik verschrieben und bietet inspirierende und energetisierende Kräuter aus aller Welt – alles ganz legal!

Gassen wieder voller Leben, leuchtet Schräges und Schrilles ebenso aus den Auslagen wie Minimalistisches und – immer mehr – Nachhaltiges.

Mode made in A

Ein guter Startpunkt für Fashionistas ist die Kirchengasse. Ist das tatsächlich zum Anziehen gedacht oder stellen hier auch Maler aus?, fragt man sich im Shop von **Ferrari-Zöchling** , einer Designerin, die auf künstlerische Seidenprints setzt. Unter derselben Adresse residiert das Label **Vis a vis** von Andrea Kerber. Lässige Streetwear inspiriert vom Großstadtdschungel mit Anleihen an den Wiener Prunk ist ihr Markenzeichen. Ein paar Hausnummern weiter heißt das Motto Schwarz, Weiß und Rot – that's it: bei **ulliKo** kommen nur diese Farben an die Stoffe und auch bei den Silhouetten verzichtet die Modemacherin auf jeden Schnickschnack. Noch zu wenig puristisch? Gleich ums Eck in der Lindengasse hat **Elke Freytag** den Minimalismus zur Maxime erhoben, sie kreiert mit reduzierten Schnitten eleganten Urban Chic.

Von vergleichbarer heimischer Designerdichte ist die Neubaugasse. Lebensfreude ist die Devise von Martina Meixner, deren Label **Maronski** für unkomplizierte und selbstbewusste Mode steht. Und das ausschließlich in fairer Bio-Qualität. Der Neubaugasse weiter nordwärts folgend kommt man bei **Art Point** zur österreichisch-russischen Designerin Lena Kvadrat, die Mode als modernes Kommunikationsmittel sieht. »Bussi baba«, »Muass da wuascht sein«, »Holla die Waldfee«, »Jo eh« – ein paar Schritte weiter setzt Lilly Egger bei ihrem Label **Kitsch Bitch** auf mit Wiener Schmäh bedruckte T-Shirts. Lust auf mehr unkomplizierte Garderobeteile? Schräg gegenüber in der Westbahnstraße hat Lisi Lang ihr Atelier, unter dem Label **lila** präsentiert sie luftige, leicht fallende Mode für Stadt und Strand.

Trendiges Gumpendorf

Als neues Shoppingquartier etabliert sich momentan der Bereich um die untere **Gumpendorfer Straße** jenseits der Mariahilfer Straße (vom MQ aus gesehen). Hier finden Sie faire Mode aus Biotextilien bei **Anzüglich** ebenso wie Hippie-Chic bei **Luv** oder avantgardistische Mode verschiedener Labels, z. B. bei **Nachbarin**.

Ü ÜBRIGENS

Typ-Beratung nach Anruf ... Lassen Sie sich von Fashion-Designern und Stylisten helfen, das Richtige zu finden. Zwei Stunden dauern die individuell geführten Shoppingtouren von Shop Map Vienna (60 € für bis zu 8 Pers., www.facebook.com/pg/shopmapvienna.at, contact@shopmapvienna.at).

Das hängt zwar an, ist aber nicht von der Stange. In der Boutique lila gibt's Hingucker für die Frau ab 30.

Strand in der City –
am Donaukanal

9

Jetzt heißt das Motto: faul am Strand liegen, Cocktails schlürfen, in den Pool des Badeschiffs springen und abends heiße Partys feiern. Der Donaukanal, im Mittelalter der Hauptarm der Donau, begrenzt heute die Altstadt unscheinbar im Osten. Doch an seinen Ufern, in Gehweite vom Stephansdom, geht es hoch her.

Lange Zeit war der Donaukanal ein hässlicher Schandfleck am Rande der City – heute ist er eine herrliche Freizeitoase mit Radwegen, Skatertreffs, Beachvolleyballplätzen, Stränden, Szenelokalen und einer Open-Air-Bühne. Zwei Hingucker am zentralen Schwedenplatz sind sichtbare Zeichen des Aufbruchs: Da ist zuallererst der markante **Design Tower** 1, ein multifunktionaler 18-Stöcker des Stararchitekten Jean Nouvel am stadtaus-

Chillen am Fluss. Ruhe. Ein Drink. Ein Buch. Boote. Dieser Blick. Entspannung pur! Wo das zu haben ist? Überall am Donaukanal.

ÜBRIGENS

Wundern Sie sich nicht über gefällte Bäume an den stadtauswärts führenden, naturnahen Ufern: die Biber sind auf dem Rückeroberungszug in ihr altes Revier.

wärtigen Ufer (► S. 65), zum anderen, diesem schräg gegenüber, die moderne **Schiffstation** 2, die selbst aussieht wie ein schnittiges Boot. Bevor man sich hier für eine Richtung – stromauf, stromab – entscheidet, kann man im integrierten Restaurant **Motto am Fluss** 1 herrlich lässig mit einem zweiten Frühstück auf der Sonnenterrasse in den Tag starten.

Sonne, Sand, Sangria

Am östlichsten Zipfel des Freizeitraums Donaukanal versprüht die legendäre **Strandbar Herrmann** 2 an der Mündung des Flüsschens Wien mediterranes Flair. Die Füße in den Sand stecken oder in einer Hängematte baumeln lassen, dabei einen Aperol Spritz in der Hand halten – so schön kann der Sommer in der Stadt sein. Wer Hunger hat, holt sich einen Burger oder einen Salat, wer sehen und gesehen werden möchte, nimmt Platz unterm riesigen Sonnenschirm der Hauptbar. Stundenlang lässt es sich hier bei chilliger Musik aushalten.

INFOS/ÖFFNUNGSZEITEN

Motto am Fluss 1: Schwedenplatz 2 (Anlegestelle des Twin City Liners), T 01 252 55 11, www.mottoamfluss.at, Restaurant Mo–Fr, So 12–14.30, 18–2, Sa 18–2 Uhr, Hauptspeisen 14–28 €, Café und Sonnenterrasse auf dem Oberdeck tgl. 8–24 Uhr, Frühstück 6–15 €.

Cityplan: E–H 2–4 | **Metro** U4: Roßauer Lände, Schottenring; U1, U4: Schwedenplatz

Splish, splash

Zeit für eine Erfrischung der anderen Art: Stadt-
einwärts vom Herrmann, bereits in Tuchfühlung
mit dem Schwedenplatz, liegt das **Badeschiff** ❶
fest verankert, auf dem ein Pool mit 30 m Länge
und 1,60 m Tiefe an heißen Tagen wohltuende
Abkühlung spendet. Bei kühlerem Wetter ist das
Wasser temperiert. Das Schiff ist ein ehemaliger
Lastkahn, der 2006 zum Badeschiff umgebaut
wurde. Doch neu ist die Erfindung nicht: Zu Be-
ginn des 20. Jh. richtete die Stadt schwimmende
Volksbäder im Donaukanal ein, die sogenann-
ten Strombäder. In der Schiffskombüse schwingen Geflüchtete von »Speisen ohne Grenzen«
den Kochlöffel und sorgen für exotische Ge-
schmacksnoten.

*Früher badete man im
Kanal, heute im Pool des
Badeschiffs. Blau, blauer,
türkis … Ach, das Leben
kann so schön sein.*

Gemüsebeete und Sandstrand

Wechseln wir die Seite gleich doppelt: Am jenseitigen Ufer und in Richtung Nordwesten locken verschiedene Gastronomen mit Streetfood
am Sandstrand. Etwas weiter passiert man den

Strandbar Herrmann ❷: Herrmann-
park bei der Urania, T 07 20 22 99 96,
www.strandbarherrmann.at, April–Anfang Okt. tgl. 10–2, Happy Hour tgl.
17–18 Uhr, Burger ca. 8 €.
Badeschiff ❶: Donaukanal zwischen
Schwedenplatz und Urania, www.bade
schiff.at, Di–So 10–24, Mo ab 16 Uhr,
im Sommer Poolbetrieb (6,50/2 €), im
Winter Eisstockschießen auf vier Bah-
nen; Restaurant Mo–Fr 16–21.30, Sa/So
ab 12 Uhr, Hauptspeisen ab 11,50 €.
Tel Aviv Beach ❸: Obere Donaustraße
auf Höhe 65/Augartenbrücke, https//
neni.at, April–Sept. bei Schönwetter tgl.
12–24 Uhr, Gerichte 4–14 €, Cocktails
ab 9,50 €.
Wiener Schützenhaus ❹: Obere
Donaustraße 26, T 01 212 42 22,
ottowagnerschuetzenhaus.at, Mo–Sa
11–24 Uhr, Wiener Klassiker 15–24 €.
Summer Stage ❷: Roßauer Lände,
T 01 315 52 02, www.summerstage.at,
Mai–Mitte Sept., Terrasse Mo–Sa 17–1,
So, Fei 15–1 Uhr.

PERSPEKTIVENWECHSEL

Den Donaukanal kann man auch vom
Wasser aus erleben: Fahrten der **DDSG
Blue Danube** starten mehrmals täglich
bei der Schiffstation ❷ am Schwedenplatz (www.ddsg-blue-danube.at, ab
24/12 €, Dauer 75 Min., Abendrund-
fahrten 29/14,50 €). Die Touren führen
in vier Schleifen bis zur Schleuse Nussdorf und zur Strandbar Herrmann, die
längeren, knapp zweistündigen Touren
auch über die Donau – dabei schippert
das Boot an Bauten u.a. von Hundertwasser, Hans Hollein, Zaha Hadid und
Otto Wagner vorbei.

DONAUKANALTREIBEN

Mit Livekonzerten, DJ-Sets, Fashion-
Shows, Tanz-Workshops sowie
zahlreichen Sportangeboten wird der
Donaukanal Ende Mai drei Tage lang
zur Festivalmeile. Der Eintritt ist frei,
Informationen zum Programm gibt es
unter www.donaukanaltreiben.at.

Der größte innerstädtische Strand liegt nicht mal am Wasser: Bei **Sand in the City** ❸ (www.sandinthecity.at) am Heumarkt mitten in der Stadt spielt man unter Palmen Beachvolleyball oder powert sich fitnessmäßig aus – eine Stärkung gibt's an den Gastro-Ständen, abends sorgen DJs für Stimmung

Gemeinschaftsgarten hipper Wiener, die hier Gemüse in Hochbeeten ziehen. Besucher sind willkommen und dürfen vom Gästebeet naschen (garten-donaukanal.at). Von hier sind es nur noch wenige Schritte zum **Tel Aviv Beach** ❸ mit nahöstlicher Küche, Cocktails und DJs. Wenn Sie jetzt finden, ein bisschen österreichisches Flair wäre in Wien doch passender: Gleich daneben kredenzt das Restaurant **Schützenhaus** ❹ traditionelle Wiener Gerichte. Als Kulisse nutzt es das ehemalige **Schleusenhaus,** ein Jugendstiljuwel von Otto Wagner – der Gastgarten mit Blick in den Sonnenuntergang ist hier das besondere Plus.

Des Sommers Bühne

Ein Stückchen stadtauswärts ist der Pionier des hippen Donaukanals zu finden: die **Summer Stage** ❷ an der Roßauer Brücke. Sie ist sommerliche Bühne für Partygänger und Nightlifer, aber auch für Sportler, Gerne-Gut-Esser und Kunstinteressierte. Hier können Sie Open-Air-Konzerte bei freiem Eintritt erleben, Trampolin springen, Boule oder Beachvolleyball spielen sowie sich erfreulich authentisch durch die Weltküchen kosten. Das Herzstück der Summer Stage ist die große Terrasse, die bei Regen mit Glas überdacht wird.

Ist das noch Architektur oder schon Kunst? Jedenfalls zeigt das Haus die Handschrift des österreichischen Künstlers Friedensreich Hundertwasser.

→ UM DIE ECKE

Nur eine Straße trennt das **KunstHaus Wien** ❸ (www.kunsthauswien.com, tgl. 10–18 Uhr) vom Donaukanal; ab Schwedenplatz Straßenbahn 1, Station Radetzkyplatz. Der unverwechselbare Stil des Wiener Architekten Friedensreich Hundertwasser ist schon von Weitem zu erkennen – mit Glas, Metall, Ziegeln, Holz und Keramikfliesen farbenfroh, schief und schräg ausgestaltet und mit wucherndem Grün bewachsen. Für die Hundertwasser-Werkschau und das Ausstellungszentrum für Gegenwartskunst können Sie sich ruhig ein bisschen Zeit nehmen – so etwas sieht man nirgendwo sonst. Das **Hundertwasserhaus** ❹ selbst, das vom Meister entworfene Wohnhaus, liegt fünf Gehminuten entfernt – Fassade und Innenhöfe muss man mal bestaunen, wenn man denn in Wien ist (Kegelgasse 34–38, www.hundertwasserhaus.info).

Ab in die Zukunft – lebendige Leopoldstadt

10

Zwischen Altstadt und Donau erscheint die Leopoldstadt wie eine Insel. Jenseits der Schwedenbrücke, rechts klotzt der riesige Design Tower, steht man im Gassengewirr des ehemaligen Judenviertels. Heute leben hier am Rande des Augartens Einwanderer aus dem Osten und junge, stadtaffine Familien in friedlicher Koexistenz.

Wie mit dem Lineal scheinen die Wege gezogen, die das riesige Areal des Augartens in kleinere Portionen teilen. Ihre parallelen oder in exakten rechten Winkeln verlaufenden Achsen sind von akkurat geschnittenen Büschen gesäumt, im Hintergrund verliert sich die ornamentale Strenge eines barocken Gartens nach französischem Vorbild in einem schattigen Boskett.

Das Kilo Erdbeeren macht fünf Euro – darf's noch etwas sein? Auf dem Karmelitermarkt ist die Ware viel frischer als im Supermarkt und stammt oft direkt vom Erzeuger.

Fleißige Stadtgärtner haben unzählige Blumen gepflanzt; das Parkgrün dominiert aber. Für etwas größere Farbtupfer sorgen die vielen Parkbesucher, die hier joggen oder walken, ihre Kinderwagen vor sich herschieben oder im Familienfreibad Abkühlung suchen.

INFOS/ÖFFNUNGSZEITEN

Augarten 1: April–Okt. tgl. ab 6.30, Nov.–März ab 7 Uhr, Schließzeiten abhängig vom Sonnenuntergang zwischen 17.30 und 21 Uhr.
Porzellanmanufaktur Augarten 2: Obere Augartenstraße 1, www.augarten.at, Verkauf und Museum Mo–Sa 10–18, Führungen (1 Std.) Mo–Do (werktags) 10.15 und 11.30 Uhr, Museum 7 €, Führung inkl. Museum 17 €.
Leopoldskirche 4: Alexander-Poch-Platz 6, tgl. 7–18 Uhr.
Karmelitermarkt 5: Mo–Fr 6–19.30, Sa bis 17, Gastronomie Mo–Sa 6–23 Uhr. Achtung: Die Zeiten geben nur einen Rahmen vor, rechnen Sie damit, dass witterungs- und jahreszeitenbedingt früher geschlossen wird.
Design Tower 6: Praterstraße 1, www.dasloftwien.at, Dachbar tgl. 12–2 Uhr.

KULINARISCHES FÜR ZWISCHENDRIN

Am Karmelitermarkt empfiehlt sich das **Tewa 1**, hebräisch für ›Natur‹ und symbolisch für die biologische Küchenphilosophie (Karmelitermarkt 25–29, T 0676 847 74 12 10, tewa-karmelitermarkt.at, Mo–Sa 7–23, Frühstück bis 16 Uhr, 6,90–11,50 €).
Im **Zimmer 37 2** zaubert das Mutter-Tochter-Duo Iris und Johanna überraschende Aromen im Rahmen der Fünf-Elemente-Küche (Karmelitermarkt 37–39, T 0699 17 23 73 11, www.zimmer37.at, Di–Fr 10–19.30, Sa 8.30–14 Uhr, Tagesgericht 9,60 €). Ein paar Gassen weiter bietet die minimalistische **Fischbar Wulfisch 3** Labskaus, Matjes- und Krabbenbrötchen (Haidgasse 5, T 01 946 18 75, www.wulfisch.at, Mo–Fr 11–20, Sa 10–18 Uhr, Brötchen ab 4,50 €).

DAS WIEN DER KLEINEN LEUTE

Wien, wie es mordet: Das **Kriminalmuseum 7** zwischen Karmelitermarkt und Augarten betrachtet die Stadtgeschichte mal aus einem ganz anderen Blickwinkel. Die aufsehenerregendsten Verbrechen der letzten Jahrhunderte werden im historischen Seifensiederhaus facettenreich präsentiert (Große Sperlgasse 24, www.kriminalmuseum.at, Di–So 10–17 Uhr, 8/4 €).

Cityplan: F/G 1-3 | **Metro:** U2: Taborstraße, U1, U4: Schwedenplatz

Zugespitzt

Der **Augarten** 1 ist der älteste Barockgarten Wiens, der durch Kaiser Joseph II. bereits 1775 für die Bevölkerung geöffnet wurde. Danach erlebte der Park seine Blütezeit und nahm einen schillernden Platz im gesellschaftlichen und kulturellen Leben Wiens ein. Beherrscht wird die Szenerie heute vom gigantischen Flakturm, der zur Fliegerabwehr im Weltkrieg errichtet wurde und wie ein düsteres Mahnmal in dieser sonnenbeschienenen Parklandschaft steht.

Der Garten verjüngt sich in Richtung Stadt zu einem Spitz, wo er seine imperiale Vergangenheit nicht mehr leugnen kann. Im ehemaligen kaiserlichen Lustschloss ist seit 1923 die **Porzellanmanufaktur Augarten** 2 untergebracht, die, 1718 gegründet, als zweitälteste Europas gilt. Heute wie damals wird das Porzellan von Hand gefertigt, die Designs entstehen traditionell in Kooperation mit namhaften Künstlern. Einige Serien wie die Wiener Rose aus dem Biedermeier oder das Melonenservice von Josef Hoffmann aus der Zwischenkriegszeit sind weltberühmt. Hier können Sie eine Führung mitmachen, das Porzellanmuseum besuchen sowie natürlich im Shop einkaufen.

ÜBRIGENS

Im Garten des **Filmarchivs Austria** 3 im Augartenspitz gibt es im Juli und August tgl. um 21.30 eine Openair-Filmvorführung im **Kino Wie Noch Nie** (www.kinowienochnie. at, 8,50 €). Nachhaltige Wiener Kleinproduzenten beliefern die Gartenküche, die damit für köstliche Snacks zum Filmvergnügen sorgt.

Kinderwagengrätzel

Die **Leopoldskirche** 4, die man unterwegs passiert, ist zwar unscheinbar, aber ihre Geschichte macht sehr betroffen: Sie wurde an der Stelle einer Synagoge errichtet, nachdem man die Juden 1670 (!) auf Anordnung von Kaiser Leopold I. aus dem erst 46 Jahre zuvor gegründeten Getto vertrieben hatte. Erst in den letzten Jahren, seit der Ostöffnung, gibt es wieder jüdisches Leben hier mit aktiven Synagogen, koscheren Lebensmittelgeschäften und Restaurants. Auch Schläfenlocken sind nun vermehrt im Stadtbild präsent. Zuzug erfährt der 2. Bezirk aber auch von jungen Familien, die leistbare Mietpreise in Stadt- und Augartennähe anlocken.

Das Herz dieses Grätzels schlägt am **Karmelitermarkt** 5, wo sich Einkäufer und Ausgeher noch die Waage halten. Am belebtesten ist der Markt am Samstag, wenn sich zu den üblichen Obst-, Gemüse- und Blumen-, Wild- und Fleischhändlern noch Bauern aus dem Wiener Umland

Radeln, joggen, den Hund Gassi führen oder einfach nur in der Sonne liegen – der Augarten ist eine der liebsten Spielwiesen der Wiener.

In der Rooftop-Bar Das Loft liegt einem ganz Wien zu Füßen. Die Cocktails haben ihren Preis – aber dieses Panorama! Da greift man gern etwas tiefer in die Tasche.

Ü
ÜBRIGENS

Die panoramaverglaste Dachbar **Das Loft** im 18. Stock des Hotels Sofite vereint ein stylisches Ambiente mit atemberaubenden Ausblicken. Mit einem Sundowner in der Hand lehnen Sie sich entspannt zurück und lassen den Blick über das Dächermeer der City schweifen. Dank eines ausgeklügelten Lichtkonzepts wird der Blick auf das nächtlich erleuchtete Wien durch keinerlei Reflexionen gestört.

gesellen, die ihre eigenen Stände aufbauen – und auch die Produzenten von Slow Food Wien ihre nachhaltigen und raren Spezialitäten anbieten. Sind die Einkäufe erledigt, gönnt man sich einen feinen Brunch in einem der Lokale, die in alte Marktstände eingezogen sind und an schönen Tagen im Freien servieren.

Echter Pariser Chic

Über die Taborstraße geht es in wenigen Minuten hinunter an den Donaukanal, wo zum Abschluss der Tour der **Design Tower** `6` des Pariser Stararchitekten Jean Nouvel auf dem Programm steht. Die glatte, monochrome Glasfassade ist je nach Himmelsrichtung anders gefärbt, zum Donaukanal hin grau, nach Osten weiß, nach Westen schwarz und nach Norden hin transparent. Das Innere hat die Schweizer Multimediakünstlerin Pipilotti Rist mit pulsierenden Lichterdecken farbig ausgestaltet, ein vertikaler Garten des französischen Biologen Patrick Blanc bringt Natur ins Haus. Der Tower beherbergt das **Luxushotel Sofitel,** in dessen Dachbar **Das Loft** der Ausflug in die Leopoldstadt zu einem aussichtsreichen Ende kommt.

> → **UM DIE ECKE**

Für viel Unmut in der Bevölkerung sorgte der Bau des **Musiktheaters MuTh** `8` (www.muth. at) im Augartenspitz. Hier treten heute die im angrenzenden Palais beheimateten Wiener Sängerknaben auf. Darüber hinaus finden in dem avantgardistischen Kobel, dessen Architektur barocke Bausubstanz einbezieht, diverse Kulturinitiativen und Festivals eine Spielstätte. Auch die Förderung junger Talente hat man sich auf die Fahne geschrieben.

Zuckerwatte und Spiegelkabinett – im Prater

11

Hochschaubahn, Geisterbahn, Autodrom, Kettenkarussell und Dosenwerfbuden – im Wurstelprater wird die Kindheit lebendig. Weiter hinten im Prater isst man knusprige Stelze oder sonnt sich im Gras. Den Eingang markiert das Riesenrad mit dem berühmten Blick auf die Stadt und die Peripherie jenseits der Donau.

»Wenige Hauptstädte in der Welt dürften so ein Ding aufzuweisen haben wie wir unseren Prater«, schrieb Adalbert Stifter Mitte des 19. Jh. Auf die Frage, was der Prater denn sei – Park, Wiese, Garten, Wald oder Lustanstalt – antwortete er: »All dies zusammen.«

1560 schuf Maximilian II. in den Donauauen ein kaiserliches Jagdgebiet, das 1766 von Josef II.

Das Wiener Riesenrad im Prater. Wenn man in der Gondel allein ist – das kommt vor! – kann man alles machen. Nur im Film wird hier allerdings der eine oder andere Mord begangen.

*Für Kids der ultima-
tive Kick, für viele
Erwachsene der blanke
Horror: Fahrgeschäfte
mit Namen wie Turbo
Booster, Tornado und
Boomerang.*

Die Romantik nostal-
gischer Fahrgeschäfte
ist kaum zu toppen: Im
Böhmischen Prater am
Laaer Berg (Karte 3,
C 3) herrscht deutlich
weniger Trubel. Vor allem
kleine Kinder und Frisch-
verliebte fühlen sich in
diesem überschaubaren
Vergnügungspark mit
seinen Oldtimer-Fahr-
geschäften wohl (www.
böhmischer-prater.at).

für alle seine Untertanen geöffnet wurde. Findige
Geschäftsleute bauten im vordersten Teil sofort
Hutschen und Rutschen, Schaukeln und Ringel-
spiele auf, aus denen der heutige moderne Vergnügungspark hervorgegangen ist.

Dieser Wurstelprater – benannt nach den
Wurstel- oder Kasperltheatern, die es früher hier
gab – ist durch eine Allee mit dem ursprünglichen
Auwald verbunden, der seit gut 40 Jahren un-
ter Schutz steht. Dazwischen liegen Parkflächen,
Wiesen und Ausreitwege.

Riesiger Blick

Das **Riesenrad** 1 am Eingang zum Prater ist nach
dem Stephansdom Wiens zweites Wahrzeichen.
Als es 1897 eingeweiht wurde, war es das größte Riesenrad der Welt – der geplante Abbruch
ein paar Jahre später wurde aus Geldmangel nie
durchgeführt. So fuhr es also durch die Zwischenkriegszeit und nach dem Brand von 1944 wurde
es bereits drei Jahre später wieder in Betrieb genommen. Damit gilt das Riesenrad ebenso wie
Stephansdom, Staatsoper und Burgtheater als
Symbol des Wiederaufbaus von Wien. Zu Welt-
ruhm gelangte es durch den mit Orson Welles
verfilmten Klassiker »Der Dritte Mann«.

Die Anzahl der Holzgondeln hat man von
ursprünglich 30 auf die Hälfte reduziert, die
ganz gemütlich nach oben gezogen werden.
Das Rad dreht sich mit 2,7 km/h. Eine komplette Fahrt ohne Stopps würde rund vier Minuten
dauern, da es aber ständig stehen bleibt, um
Besucher ein- und aussteigen zu lassen, kann
man die Aussicht auf Wien gut eine Viertelstun-
de lang genießen. Zur einen Seite schweift der
Blick über die Praterwälder zum Stephansdom,
auf der anderen Seite dominiert die moderne
Skyline am Donauufer das Panorama.

Schwerelos nostalgisch

Am Fuß des Riesenrads beginnt der berühmte
Wurstelprater 2. Den Eingangsbereich am Riesenradplatz hat man 2008 unter dem Motto
›Prater anno 1900‹ neu gestaltet – allerdings
wirkt das Ganze doch sehr künstlich. Kehren Sie
lieber dem Platz den Rücken und stürzen Sie sich
im originalen Vergnügungspark ins Vergnügen.
Rund 250 Attraktionen können Sie hier nutzen,

von der Schwarzen Mamba, die Sie mit ihren Pendelarmen bis zu 80 km/h durch die Luft wirbelt, bis zur Geisterbahn – von der nostalgischen Hochschaubahn bis zum Turbo Boost, der Sie für Sekundenbruchteile in die Schwerelosigkeit katapultiert. Nostalgisches vermischt sich mit High-Tech, das macht das einzigartige Flair des Praters aus. Traditionsreich sind etwa die Fahrten mit Go-Kart und Autodrom oder die Schaukelei mit dem Sturmboot. Unbedingt sollten Sie auch durch das Spiegellabyrinth gehen, wo Sie sich leicht verirren und Ihre Figur in diversen Spiegeln zum Brüllen komisch verzerrt sehen.

Süß und manchmal rosarot gefärbt wie Zuckerwatte sind die Kindheitserinnerungen, die ein Bummel über den Prater wieder aufleben lässt.

Die krönende Stelze

Zuckerwatte, gekochter Mais (hier Kukuruz genannt) und Langos sind die stilechten kulinarischen Begleiter beim Praterbesuch. Es empfiehlt sich dringend, während des Vergnügens nur in

INFOS/ÖFFNUNGSZEITEN

Riesenrad 1: www.wienerriesenrad.com, tgl. 10–20, März/April, Okt., Dez. bis 22, Mai–Sept. 9–23/24 Uhr, pro Fahrt 12/5 €.

Wurstelprater 2: www.praterwien.com. Das Areal des Vergnügungsparks ist immer frei zugänglich (wie der ganze Prater). Im Winter haben freilich nur einzelne Betriebe geöffnet, Hauptsaison 15. März–31. Okt., tgl. ab 10 Uhr, Betriebsschluss abhängig von der Jahreszeit, im Sommer bis 24 Uhr.

KULINARISCHES FÜR ZWISCHENDRIN

Machen Sie es wie die Wiener: Im **Schweizerhaus** ❶ ordert man eine Stelze und ein frisches Budweiser (Prater 116, T 01 72 80 15 20, www.schweizerhaus.at, 15. März–31. Okt. tgl. 11–23 Uhr, Stelze pro kg 18,90 €). Im Kontrast dazu ist im **Lusthaus** ❷ die Atmosphäre nahezu imperial, schon Adalbert Stifter war hier Stammgast (Freudenau 254, T 01 728 95 65, www.lusthaus-wien.at, Jan.–März Sa–Di

12–17, April–Sept. Mo–Fr 12–22, Sa/So, Fei 12–18, Okt.–Dez. Do–Di 12–17 Uhr, kleine Speisen ab 8 €).

FESTER BODEN UNTER DEN FÜSSEN

Das **Pratermuseum** 3 nahe dem Riesenrad entführt in die Zeit der Watschenmänner und Frauen ohne Unterleib (www.wienmuseum.at, Fr–So 10–12, 14–18 Uhr, 4/2 €, bis 19 Jahre frei).

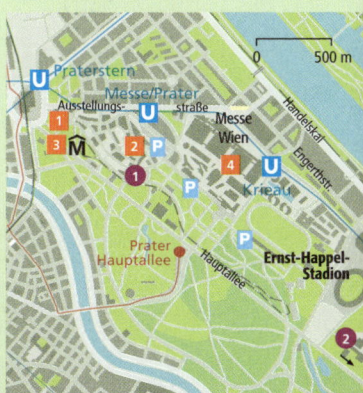

Diesem nostalgischen Fahrgeschäft macht inzwischen der Praterturm Konkurrenz, bis vor Kurzem das höchste Kettenkarussell der Welt.

Maßen zu essen, damit nicht der Magen Achterbahn spielt. Dafür gibt es einen standesgemäßen Abschluss: die Einkehr im **Schweizerhaus ❶**. Die knusprige Stelze (Eisbein) hat Kultstatus, viele Städter kommen überhaupt nur deswegen in den Prater. Dazu wird Bier getrunken, vorzugsweise frisch gezapftes Budweiser. Bei schönem Wetter sitzt man im grandiosen Gastgarten.

Ins Grüne, zum Lusthaus

Das Augebiet des Praters erstreckt sich zwischen Donaukanal und Donau. Die **Prater Hauptallee** führt mitten hindurch, auf schnurgeraden viereinhalb Kilometern von der Rückseite des Wurstelpraters bis zum **Lusthaus ❷**, zum ehemaligen kaiserlichen Jagdhaus, das heute ein stimmungsvolles Café-Restaurant beherbergt. Viele Wiener nutzen den Prater als **Naherholungsgebiet.** Hier treffen Sie auf Jogger, Inlineskater und Radfahrer, Spaziergänger und Hundegassigänger – in allen Altersgruppen, vom älteren Paar, das die Eichhörnchen füttert, bis zur jungen Familie, die den Kinderwagen durch die Allee schiebt. Rechts und links säumen große Wiesen, Parkwege und Wälder den Weg.

► **LESESTOFF**

Der Fall des Lemming, ein böser, schwarzer, skurriler Krimi, mit dem sich Stefan Slupetzky als Kultautor etablierte, führt bis zum großen Finale im Prater hinter die freundliche Fassade der Wiener. Deshalb wird hier auch viel Dialekt gesprochen.

→ UM DIE ECKE

Lust auf ein Foto-Shooting vor futuristischer Architekturkulisse? Dann auf zum neuen **Campus der Wirtschaftsuniversität 4** östlich vom Wurstelprater! Das Herzstück bildet Zaha Hadids Library & Learning Center (2013), um das sich die restlichen Gebäude gruppieren, entworfen von renommierten Architekturbüros wie NO.MAD aus Madrid oder CRABstudio aus London.

Strombilder mit Skyline – **an der Donau**

Um auch der vielleicht berühmtesten Wienerin, der Donau, einen Besuch abzustatten, fahren wir mit der U-Bahn ans andere Ufer. Hier zeigt die Stadt zwei extrem unterschiedliche Facetten, die abrupt aufeinandertreffen. Am schärfsten ist der Kontrast, wenn man sich von hinten, über den Donaupark nähert.

Sie müssen sich nicht lange orientieren – quasi von alleine zieht es die Füße vom Ausgang der U-Bahn-Station Alte Donau in Richtung sattes Grün. Mächtige Trauerweiden und Birken spenden tiefen Schatten, dazwischen lädt offene Wiese zum Sonnenbaden. Hinter einem Schilfgürtel dümpeln ein paar Schwäne auf einem kleinen

Der Blick von der Reichsbrücke auf die Donau City wird sich in den nächsten Jahren erheblich ändern – der DC Tower1 bekommt hohe Gesellschaft.

Sattes Grün. Im Donaupark scheint das Häusermeer der Großstadt Lichtjahre entfernt.

See, von der Seite dringt Rosenduft in die Nase. Der **Donaupark,** 1964 zur Internationalen Gartenschau eröffnet, ist eine herrliche Stadtoase, wild und naturbelassen hier, gepflegt und gestaltet dort. Sein Wahrzeichen ist der weithin sichtbare **Donauturm** 1, der ebenfalls extra für diese Schau gebaut wurde, und der mit 252 m bis zur Spitze noch immer das höchste Bauwerk Österreichs ist. Auf 170 m befinden sich die Aussichtsterrasse sowie ein Café-Restaurant – hier können Sie rasten, während sich der Turm dreht und Ihnen Wien aus allen Richtungen zu Füßen legt.

Alles Donau

In Richtung Stadt, also gen Westen, blickt man auf den großen Strom, der sich durch die künstlich aufgeschüttete und wunderbar begrünte

INFOS/ÖFFNUNGSZEITEN

Donauturm 1: Donauturmstraße 4, www.donauturm.at, tgl. 10–24 Uhr, 14,50/11/9,90 €; unter 6 Jahren gratis
Uno City (Vienna International Centre) 3: Wagramer Straße 5, www.unis.unvienna.org, Führungen Mo–Fr 11 und 14, Juli/Aug. auch 12.30 Uhr, Lichtbildausweis mitbringen, 15/5 €.

———————————————

KULINARISCHES FÜR ZWISCHENDRIN

Wunderschön lassen sich im Gastgarten der **Alten Kaisermühle** 1 direkt an der Alten Donau die Füße ausstrecken (Fischerstrand 21a, www.kaisermuehle. at, Di–Sa 11.30–23 Uhr, Hauptspeisen 15–25 €, eigene Bootsanlegestelle). Für einen Abschlussdrink mit Blick übers nächtlich erleuchtete Wien empfiehlt sich die Außenterrasse der **57 Lounge** 2 auf der 58. (und letzten) Etage des Melia-Hotels im DC-Tower 1 (Donaucity Straße 7, www.57melia. com, tgl. 17–1, Do Livemusik ab 21 Uhr, Cocktail ca. 12 €).

PACK DIE BADEHOSE EIN

Zur Wahl für eine Badeverlängerung der Tour stehen entlang der Alten Donau das **Gänsehäufel** 1 (▸ S. 85), das **Strandbad Alte Donau** 2 (Arbeiterstrandbadstraße 91, Mai–Mitte Sept. tgl. 9–19 Uhr, 6,20/3,40/2,10 €), der **ArbeiterInnenstrand** 3 gleich daneben (kostenlos zugänglich) sowie die öffentlichen Badestege.
Auch an den Uferbereichen (Strände, Stiegen) der Neuen Donau kann man baden, z. B. am **Copa Beach** 4 (kostenlose Liegestühle, Gastronomie, www.copabeach.wien) vor der Donaucity.

Cityplan: Karte 3, C/D 1/2 | **Metro** U1: Alte Donau

Länder der Welt, vereinigt euch. Immerhin reden sie in der UNO-City miteinander. Worüber, weiß keiner so genau.

Donauinsel zweiteilt: Auf der näheren Seite dient die Neue Donau bei Hochwasser als Entlastungsrinne, bei sommerlichem Schönwetter dem Badevergnügen. Auf der stadtwärts gewandten Seite fließt die Donau mit unverminderter Geschwindigkeit und trägt dabei viele Schiffe.

Wieder zu ebener Erde führt die Tour weiter zur modernen **Donaucity,** die schon von oben ein Blickfang war. Nehmen Sie den Weg über die riesige Grünfläche am Papstkreuz – dort scheint die gewaltige Skyline unmittelbar aus dem Rasen herauszuwachsen. Dieser neue Stadtteil mit Büros und Wohnungen direkt an der Neuen Donau entstand seit 1996, seine Glasfassaden tragen die Handschrift von Stararchitekten wie Prof. Wilhelm Holzbauer oder Dominque Perrault. Mit dem **DC-Tower 1** **2** steht hier das höchste bewohnbare Gebäude des Landes; mit der **UNO-City Vienna** **3**, 1979 gebaut, ist hier einer von vier Amtssitzen der Vereinten Nationen zu finden.

Zurück in die Natur

Über die vielbefahrene Wagramer Straße gelangen Sie in einer Gehminute ans **Kaiserwasser** – und damit in nahezu mediterrane Gefilde: Das Kaiserwasser ist mit der Alten Donau verbunden, einem vom Strom abgeschnittenen Altarm, wo die Zeit stillzustehen scheint. Private Kleingärten, öffentliche Liegewiesen und Badestege säumen ihre Ufer, Segelboote schaukeln vor der mächtigen Skyline, die auch auf dieser Seite hervorblitzt. Sie können hier lange spazieren gehen, einen noch längeren Badestopp einlegen oder über Laberlweg und Fischerstrand rasch wieder an den Ausgangspunkt gelangen.

Ü
ÜBRIGENS

Sehr romantisch: In sommerlichen Vollmondnächten verlängern die Bootsvermieter an der Alten Donau ihre Öffnungszeiten bis spät in die Nacht hinein – eine Flasche Prosecco ist dann im Preis inbegriffen, die charmante Begleitung müssen Sie selbst mitbringen (www.alte-donau.info).

Der Kaiser neue Pracht – **Schloss und Park Schönbrunn**

Das hier wird ein langer, aber verzaubernder Tag. Die prunkvolle Residenz Schönbrunn ist nicht bloß ein Schloss – sie ist ein Gesamtkunstwerk. Der barocke Garten mit der Gloriette als Aussichtspunkt, die weiten Parkalleen, das luftige Palmenhaus und der älteste Zoo der Welt: Adelsherrlichkeit vom Feinsten!

Neptun reitet auf dem Pferd des Sonnengottes Helios und schleudert Zeus' Blitzspeer. Wer hat sich das bloß ausgedacht? Immerhin ist es hübsch martialisch, passend zum Sieg über die Türken.

Lassen Sie sich von den Ameisenstraßen, pardon: Besucherströmen, nicht irritieren, die für ein ständiges Kommen und Gehen zwischen klimatisierten Reisebussen auf der einen und dem imposanten Schloss auf der anderen Seite des riesigen Vorplatzes sorgen. Das in strahlendem Kaisergelb gestrichene Schönbrunn mit seinen grünen Holzläden ist Österreichs mit Abstand meistbesuchte Touristenattraktion. Und das ganz zu Recht!

Ein Fischer mit Auftrag

Ende des 17. Jh. beauftragte Kaiser Leopold I. den genialen Barockarchitekten Bernhard Fischer von Erlach mit dem Neubau eines kaiserlichen Jagdschlosses. An der Stelle des alten Lustschlosses von 1643, das im Türkenjahr 1683 schwere Schäden erlitten hatte, sollte ein repräsentativer Bau entstehen – würdig einer großmächtigen europäischen Dynastie. Unter Maria Theresia wurde **Schloss Schönbrunn** **1** dann ein halbes Jahrhundert später als imperiale Sommerresidenz zum glanzvollen Mittelpunkt höfischen und politischen Lebens. In ihrer Ära schuf Hofarchitekt Nikolaus Pacassi das besonders prunkvolle Rokoko-Interieur.

Staunen erlaubt

Von den insgesamt 1441 (!) Zimmern der Schlossanlage sind 40 Prunkräume im Hauptflügel zu besichtigen. Der Höhepunkt der Tour sind die gartenseitigen Repräsentationsräume mit den Festsälen. Genau in der Mitte des Schlosses betreten Sie den mit Abstand prachtvollsten Raum: die **Große Galerie** mit ihren Weiß-Gold-Stuckarbeiten und den Deckenfresken, ihren hohen Fenstern und gegenüberliegenden Kristallspiegeln. Sie haben die Sisi-Filme gesehen? So ging es in diesem Rokoko-Festsaal bei Bällen, Empfängen und Staatsdiners zu. Die Deckenfresken des italienischen Malers Gregorio Guglielmi zeigen im mittleren Fresko die Glorie der Monarchie unter der Herrschaft Maria Theresias.

Kunstgenuss mit Duftanteil

Nach so viel Eleganz und Luxus tut es gut, auf der Gartenseite ins Freie zu treten und einmal durchzuatmen. Doch auch der barocke **Schlosspark** **2** entpuppt sich als optisches Fest. Für einen ersten Eindruck steigen Sie die Freitreppe hoch, von dort erkennen Sie die strenge Symmetrie der Blumenbeete im Großen Parterre, rechts und links der verlängerten Mittelachse des Schlosses. Begrenzt wird dieser Barockgarten vom Neptunbrunnen, der Teil des Gesamtkonzepts der Gartengestaltung unter Maria Theresia war.

In der Großen Galerie drehte sich der Hof zu Walzerklängen – leichte Schwindelgefühle stellen sich schon beim Betrachten der Deckenfresken ein.

Für die Kleinigkeit von 549 Euro pro Nacht dürfen Sie im Schloss eine **romantische Nacht** verbringen: Die exklusive Suite im Osttrakt bietet einen Salon, zwei Schlafzimmer, ein großzügiges Wohnzimmer und einen tollen Ausblick auf den in nächtlicher Ruhe liegenden Schlosspark mit Gloriette, Neptunbrunnen und Kronprinzengarten. Buchbar über Austria Trend Hotels, www.thesuite.at.

Autor Arno Geiger ist ein wunderbarer Schreiber – seine Familiensaga **Es geht uns gut** schildert das Lebensgefühl im Wien der letzten siebzig Jahre treffend, unterhaltsam und sprachstark. Im geografischen Zentrum des Geschehens: eine geerbte Villa im Nobelbezirk Hietzing.

Im Hintergrund erhebt sich am höchsten Punkt des Schlosshügels die **Gloriette 3**, von der man das ganze Areal überblickt. Auf den Seiten führen sternförmig angelegte Alleen durch verschiedene Parkteile, die breiten Diagonalalleen mit den penibel geschnittenen Bäumen geben immer wieder prächtige Blicke frei. Brunnen, Pavillons, Statuen, Wasserbecken, ein Obelisk und eine römische Ruine, die eigens für den Schlossgarten erbaut wurde, unterbrechen spielerisch das vorherrschende Grün. Gehen Sie hinauf zur Gloriette und genießen Sie den Blick bis in die City. Gönnen Sie sich im Café im verglasten Mittelteil eine Rast.

Ein lautes Tröt von rechts

Durch den westlichen Parkteil geht es zur imposanten Eisenkonstruktion des **Palmenhauses 4** aus den Jahren 1881/82. Es besteht aus drei zu-

---

INFOS/ÖFFNUNGSZEITEN

Schloss Schönbrunn 1: www.schoen brunn.at, tgl. 8–17, April–Juni, Sept./ Okt. bis 17.30, Juli/Aug. bis 18.30 Uhr, kleine Tour 18/13 €, große Tour 22/15 €, mit Führung 26/17 €. Buchen Sie im Sommer die Tickets im Voraus, Sie ersparen sich lange Wartezeiten.
Schlosspark 2: tgl. ab 6.30 Uhr, Torsperrzeiten abhängig vom Sonnenuntergang (Mitte Mai–Ende Juli 21 Uhr), Eintritt frei.

Aussichtsterrasse der Gloriette 3: April–Juni und Sept. tgl. 9–18, Juli/Aug. bis 19, Okt. bis 17 Uhr, 4,50/3,20 €.
Palmenhaus 4: www.bundesgaerten. at, Mai–Sept. tgl. 9.30–18, Okt.–April 9.30–17 Uhr, 6/4,50 €.
Tiergarten Schönbrunn 5: www. zoovienna.at, April–Sept. 9–18.30, März, Okt. 9–17.30, Febr. 9–17, Nov.–Jan. 9–16.30 Uhr, 20/10 €. Tickets im Sommer am besten im Voraus online buchen.

KULINARISCHES FÜR ZWISCHENDRIN

Kaffeespezialitäten und hausgemachten Kaisergugelhupf lässt man sich im **Café Gloriette 1** schmecken (T 01 879 13 11, www.gloriette-cafe.at, tgl. ab 9 Uhr, Mehlspeisen ca. 4,90 €).
In ebenso herrschaftlichem Ambiente, aber mit Blick auf Flamingos und Antilopen rastet man im **Kaiserpavillon 2** im Tiergarten, und als Erfrischung mundet im Zoo auch das österreichische Bio-Eis in der **Rhino Bar 3** (T 01 87 93 55 60, zoovienna-gastro.at, zu den Öffnungszeiten des Tiergartens, Hauptspeisen ca. 13 €).

Cityplan: Karte 3, B 3 | **Metro** U4: Schönbrunn (Schloss) oder Hietzing (Zoo)

Wer beobachtet hier wen und wer kommt dabei besser weg? Ein Zoobesuch kann tiefschürfende philosophische Fragen aufwerfen.

sammenhängenden Pavillons, die nach wie vor in ihrer ursprünglichen Funktion als Ausstellungsraum exotischer Pflanzen in Funktion sind – als letzte ihrer Art auf dem Kontinent.

Behalten Sie beim gemächlichen Umherspazieren die Uhr im Auge, damit ausreichend Zeit bleibt, um den Tag mit einem Besuch des **Tiergarten Schönbrunn** 5 perfekt ausklingen zu lassen. Dieser ist nicht nur der älteste Zoo der Welt (1752), er gehört heute auch wieder zu den besten und schönsten. Längst schon ist die barocke Bausubstanz nur noch Kulisse für moderne Gehege, die den Anforderungen zeitgemäßer Tierhaltung entsprechen.

Beste Beispiele dafür sind das **Polarium** der Pinguine und Robben, das **Aquarien- und Terrarienhaus** mit dem Tunnelaquarium sowie das **Regenwaldhaus**, das einen Bergregenwald inklusive Gewitter simuliert und dessen harmlose Bewohner dem Besucher vor die Füße laufen. Ein altes Palmenhaus wurde zur **ORANG.erie** umgebaut, einer modernen Umgebung für Orang-Utans, die sich hier ungehindert ins Freie schwingen können.

Der Zoo erfreut sich dank Forschung und Artenschutzprogrammen auch internationaler Anerkennung. So gelang hier erstmals außerhalb von China die natürliche Zeugung eines Pandas und auch sibirische Tiger werden im Schönbrunner Zoo erfolgreich gezüchtet.

Mal richtig edel schlemmen? Zu fixen Terminen gibt es, nachdem alle anderen Besucher bereits gegangen sind, im Zoo ein abendliches **Dinner im Kaiserpavillon** in kleinem Kreis. Unter dem Titel ›Safari Dinner‹, ›Aqua Dinner‹ oder ›Polarnacht‹ steht eine exklusive Führung zur afrikanischen Tierwelt, ins Aquarienhaus oder in den Polardom auf dem Programm, gefolgt von einem mehrgängigen Themenmenü. Buchung unter T 01 87 79 29 45 00 oder reservierung@ zoovienna.at, 130 €.

14

Balkanpower –
das Ottakringer Brunnenviertel

Die Vorstadt Ottakring wuchs mit den Fabriken zur Zeit der industriellen Revolution. Seit den 1970er-Jahren, als die ersten Gastarbeiter nach Wien zogen, hat sich Ottakring allmählich zu dem bunten und vielfältigen Multikulti-Viertel von heute entwickelt, in dem die Subkultur blüht. Zuwanderer und heimische Boheme leben hier das tolerante Miteinander vor.

Ganz früh morgens ist es auf dem Ottakringer Markt noch leer, die Händler reiben sich müde die Augen. Wenig später wäre für den Radfahrer kein Durchkommen mehr.

Es türmen sich die Pfirsiche, die Nektarinen, die Kirschen und Tomaten, Gurken, Melanzani und Zucchini. Ein Kilo, ein Euro fünfzig. Bitte sehr, hier das Sackerl – wienerisch für Tüte – und nehmen Sie selbst. Wassermelone gefällig? Hier, kosten Sie, ganz süß. Weiter drinnen am Markt streckt die Verkäuferin Schafskäsewürfel zur Probe hin, oder wie wär's mit eingelegten Oliven? Über 160 Marktstände ziehen sich rechts und links der schmalen Brunnengasse, im schlauchartigen Durchgang staut sich das Publikum hier und da, findet die türkische Hausfrau keinen Weg vorbei an der Wienerin, die ihr breites Einkaufswagerl mitten in den Weg gestellt hat.

Als wär's ein Stück vom Orient

Aus der Bäckerei duftet es nach frischem Fladenbrot, von der anderen Seite dringt der Duft von Kebab an die Nase, auf dem Trottoir hat sich eine Stoffbahn im Wind selbstständig gemacht, der ein junger Bub hinterherläuft. Den **Brunnenmarkt** 1 gibt es seit 1786, heute ist er der größte Detailmarkt der Stadt und fest in den Händen der türkischen Wiener. Sie verwandeln die Gegend untertags in einen Basar, in dem neben Lebensmitteln auch Kleidung, Haushaltswaren und Sonstiges angeboten wird, was man im Alltag so braucht.

Multikulti mit Geschichte

Die gürtelnahen Teile Ottakrings wie das **Brunnenviertel** sind einfache Wohnbezirke, dicht verbaut mit wenig Freiraum und daher niedrigen Mieten. Errichtet wurden die gründerzeitlichen Wohnhäuser für die Arbeiter, die im Zuge der Industrialisierung aus allen Teilen der Monarchie nach Wien kamen – und dann ab den 1970er-Jahren von den Gastarbeitern abgelöst wurden. Heute beträgt der Bevölkerungsanteil mit Migrationshintergrund im Brunnenviertel mehr als 40 %. Niedrige Mieten in Verbindung mit einer gewissen Weltoffenheit zogen aber auch Künstler und Bohemiens an, sodass Ottakring heute zu den kulturell spannendsten Flecken Wiens zählt.

Treffpunkt ohne Chichi

Besucher spüren das einzigartige Flair des Brunnenviertels besonders am **Yppenplatz,** zu dem sich der Brunnenmarkt am nördlichen Ende öffnet. Hier ist auch die **Brunnenpassage** 2 zu finden, ein für alle offener KunstSozialRaum, wo einerseits jeder eingeladen ist, aktiv mitzumachen, wie etwa bei den Tanzklassen, und es andererseits laufend Veranstaltungen gibt (speziell für Leute, denen das Budget für die Wiener Bühnen fehlt), die kostenlos zu besuchen sind.

Der schön restaurierte Yppenplatz ist heute gesäumt von etlichen Lokalen, die diese Brun-

Authentisches kulinarisches Mitbringsel gefällig? Schauen Sie rein beim **Staud's** (Brunnengasse/Schellhammergasse, www.stauds.com, Di–Fr 8.30–12.30, 15–18, Sa 8–13 Uhr). Hier werden seit 1947 von der Familie Staud Konfitüren und Gemüsedelikatessen verkauft, die heute ein Synonym für edle Einkochware sind. Sie werden tatsächlich in einem der umliegenden Gebäude produziert!

Wer erwischt das beste Stück? Auf dem Brunnenmarkt lässt sich so manches Schnäppchen ergattern.

Bosniaken-Mütze statt Baseball-Cap. Auch Ottakrings Sprayer mixen Alt und Neu – und spielen mit den Versatzstücken ihrer Kultur.

nenviertler Mischung aus fremd und bekannt, aus exotisch und heimisch, perfekt in ihrem Angebot umsetzen. Das kommt teils trendig rüber – doch im Gegensatz zu anderen hippen Stadtteilen spürt man hier noch ganz viel Bodenhaftung.

INFOS/ÖFFNUNGSZEITEN

Brunnenmarkt/Yppenmarkt 1: Thaliastraße–Yppenplatz, Mo–Fr 6–19.30, Sa bis 17, Gastronomie Mo–Sa bis 23 Uhr. Achtung: Die angegebenen Zeiten geben einen Rahmen vor, rechnen Sie jedoch damit, dass witterungs- und jahreszeitenbedingt schon früher geschlossen wird.

KULINARISCHES FÜR ZWISCHENDRIN

Das **An-Do 1** hat eine kleine aber kunterbunte Speisekarte, die Küche kocht verlässlich gut, mitunter muss man aufgrund des großen Andrangs aber ein wenig warten (Yppenplatz, T 01 308 75 75, www.cafeando.at, Hauptspeisen 7,50–13,90 €).
Im dahinter liegenden **Mani 2** setzt man auf modern interpretierte Küche des Nahen Ostens (Yppenplatz, Marktplatz 153–155, T 01 402 43 17, www.mani-wien.at, Mo–Fr 17–23, Sa 9–23 Uhr, Speisen 7,20–11,50 €).
Das **Kent Restaurant 3** steht für genuines türkisch-levantinisches Essvergnügen inklusive einer großen Auswahl an Meze (Brunnengasse 67, T 01 405 91 73, www.kentrestaurant.at, tgl. 6–2 Uhr, Hauptspeisen 7,50–12,90 €).

Wiener Weinseligkeit –
beim Heurigen

**Die Wiener bauen doch tatsächlich ihren eige-
nen Wein in der Stadt an! Die Trauben reifen
vorwiegend an den Hügeln im Norden der City.
Einem Panoramablick vom Kahlenberg oder
einem Besuch eines alten Weinbaudorfes wie
Nussdorf, Sievering oder Grinzing folgt das ge-
sellige Zusammensitzen beim Heurigen.**

Jeder Wiener, der auf sich hält, hat einen
Stammheurigen. Der bietet neben guten Wei-
nen zwingend einen schönen Gastgarten,
freundliche Bedienung und ein deftiges Buffet.
Keinesfalls jedoch sollte er Platz für Busgruppen
haben. Ob ein Heuriger geöffnet hat, erkennen
Sie am frischen Föhrenbusch, der dann auf einer
Stange über dem Eingang aufgesteckt ist. Bei
einem traditionellen Heurigen, den man auch

*Ausgsteckt is' – der
Föhrenbusch über dem
Eingang zeigt an: Wir
haben geöffnet, nur he-
rein! Das lässt man sich
nicht zweimal sagen.*

Die perfekte Aussicht über Wien haben Sie von der Terrasse der **Josefskirche am Kahlenberg** 🔟, von der Sie das gesamte Stadtgebiet überblicken und an klaren Tagen bis in die Slowakei, nach Ungarn und zu den Alpen sehen. Nehmen Sie dazu den Bus 38A ab U4: Heiligenstadt.

Fast hätte die Reblaus dem Weinanbau in Wien den Garaus gemacht. Aber auf den geliebten Wein verzichten? Niemals! So suchte und fand man neue Techniken, und die gierige Laus wanderte wieder aus.

Buschenschank nennt, bekommen Sie nur erstklassige Weine aus hauseigener Produktion und dazu vorwiegend kalte Speisen.

Stadt kann auch anders

Der **Sirbu** ❶ in Nussdorf ist ein typischer Wiener Heuriger, aber mit wirklich toller Lage: Der Gastgarten geht nahtlos in die Weingärten über, der Blick schweift über die Reben bis hinunter zur Donau und zum Stadtgebiet, während man sich droben auf dem tiefsten Land wähnt. Nicht selten nimmt sogar am Nebentisch ein Promi aus Wirtschaft oder Politik Platz. Im Sirbu löschen Sie den Durst stilecht mit einem Gespritzten – so nennt man hier eine Schorle. Für gewöhnlich bestellt man ihn als weißen Spritzer, der in einem Viertelliterglas – halb Weißwein, halb Wasser – serviert wird. Sie können aber Wein und Wasser auch in getrennten Krügen ordern und selbst mischen. Die Speisen holt man sich am Buffet selbst.

Gemischter Satz

Die Sirbus sind eine von 150 Weinbauernfamilien, die auf 610 ha rund 2 Mio. Liter Wiener Wein im Jahr produzieren. Es gibt keine andere Stadt der Welt, die so große Rebflächen zu ihrem Stadtgebiet zählt. Das Gros der Weinberge befindet sich in den nördlichen Bezirken Grinzing und Floridsdorf. Weißweine dominieren: Grüner Veltliner, Riesling und Weißburgunder. Ein Klassiker ist der Gemischte Satz, bei dem verschiedene Rebsorten nebeneinander gepflanzt sind, die dann auch zu einem Wein verarbeitet werden. Immer mehr Winzer keltern auch rote Weine, allen voran Blauen Zweigelt, Blauburgunder und Cabernet Sauvignon.

Ausgebaute Lagenweine

War früher in erster Linie Quantität gefragt, was man dem traditionellen Henkelglas deutlich anmerkt, punkten viele Wiener Winzer heute mit erstklassiger Qualität. Wie etwa die Familie **Hengl-Haselbrunner** ❷, die in einer Nebenstraße in Oberdöbling einen wunderschönen Heurigen betreibt. Nicht nur die Weine sind erstklassig, auch die Küche ist ausgezeichnet. Das wissen viele Wiener zu schätzen: Selten bleibt an schönen Abenden ein Tisch im Gastgarten unbesetzt. Sie

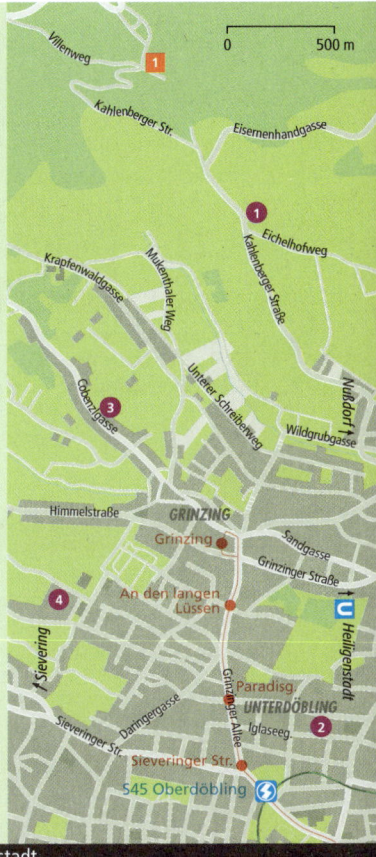

INFOS/ÖFFNUNGSZEITEN

Heuriger Sirbu ❶: Kahlenbergerstraße 210, T 01 320 59 28, www.sirbu.at, April–Okt. Mo–Fr 16–23, Sa ab 15 Uhr. Sie erreichen den Heurigen ab der Endstation der Straßenbahnlinie D mit dem Taxi oder in ca. 40 Min. zu Fuß, oder Sie nehmen den Bus 38A, fahren bis zum Kahlenberg und steigen dann von dort aus ca. 20 Min. ab.

Weingut Hengl-Haselbrunner ❷: Iglaseegasse 10, T 01 320 33 30, www.hengl-haselbrunner.at, tgl. 15.30–23 Uhr, Di ab 20 Uhr meist Wienerliedveranstaltungen. Sie erreichen die Buschenschank mit der S 45, Station Oberdöbling.

Und noch einer, der ›in Bio macht‹:

Weinbau Obermann ❸: Cobenzlgasse 102, T 0664 4519927, www.weinbauobermann.at, Ausstecktermine lt. Website, Mo/Di Ruhetag. Anfahrt mit Autobus 38A, Station Feuerwache Grinzing. Für Christiane und Martin Obermann ist klar: In ihre Weine kommt nur Natur. Sie verzichten auf Insektizide, organische Fungizide und Herbizide und setzen statt dessen auf den Einsatz von Nützlingen, um die Widerstandskraft der Reben zu stärken. Wie das schmeckt, erleben Sie im wunderschönen Heurigen der Obermanns – oder beim Picknick im **Weingarten ❹**, zu dem die Familie regelmäßig lädt.

Cityplan: Karte 3, B 1 | **Metro** U4: Heiligenstadt

brauchen aber nicht schüchtern zu sein: Gerne wird man zusammenrücken, damit auch Sie in den Genuss der ausgezeichneten Stimmung des äußerlich unscheinbaren Winzerhauses kommen. Hier sitzen Sie unter prachtvollen Nussbäumen; blühende Oleander sorgen für südliches Flair.

Sind Sie unschlüssig, welchen der feinen Weine Sie verkosten sollen, lassen Sie sich vom Winzer beraten, der fast allabendlich selbst vor Ort ist. Seine Ehefrau ist übrigens Agnes Palmisano, die als Expertin für den Wiener Dudler (die urbane Variante des Jodlers) gilt – so ist es kein Wunder, dass auch das echte Wienerlied hier ein Zuhause gefunden hat.

EINTRITTSKARTEN *zu allerhand Kuriosem, Fantastischem, Klangvollem, Skurrilem und Morbidem – typisch Wien eben.*

UND JETZT ENTSCHEIDEN SIE!

Narrenturm – Pathologisch-anatomische Sammlung
Mi 10–18, Do, Sa 10–13 Uhr
4/2 €, bis 19 Jahre frei

◯ JA   ◯ NEIN

Faszination oder Ekel? Präparate, die Fehlbildungen, Krankheiten und Unfälle veranschaulichen, dienten über Jahrhunderte zu Lehrzwecken für angehende Mediziner – heute sind sie allgemein zur Schau gestellt.

📖 C 2, www.nhm-wien.ac.at

Sigmund Freud Museum
tgl. 10–18 Uhr
9/3 €

◯ JA   ◯ NEIN

In der einstigen Praxis des Begründers der Psychoanalyse vermitteln persönliche Objekte biografische Einblicke und Kenntnisse über die Entstehung seiner Theorien. Das Wartezimmer ist original ausgestattet.

📖 D 2, www.freud-museum.at

Remise – Verkehrsmuseum der Wiener Linien
Mi 9–18, Sa/So 10–18 Uhr
8/6 €

◯ JA   ◯ NEIN

Die Zeitreise durch die Geschichte der Wiener Öffis beginnt mit einer Pferdetramway aus der Kaiserzeit und endet mit den Silberpfeilen der modernen U-Bahn; eine Fahrt mit dem Simulator ist inklusive.

📖 Karte 3, C 2, www.remise.wien

Technisches Museum
Mo–Fr 9–18,
Sa/So, Fei 10–18 Uhr
14/12,50 €, bis 19 Jahre frei

◯ JA   ◯ NEIN

Die faszinierende Welt der Physik, eingefangen auf vier Ebenen. Historische Autos, Flugzeuge und Dampfmaschinen sind zu bestaunen, zudem gibt es spannende Ausflüge in die moderne Technik.

📖 Karte 3, B 2, www.tmw.at

Fälschermuseum
Di–So 10–17 Uhr
6/3,50 €

Erinnern Sie sich an die gefälschten Hitlertagebücher anno 1993? Konrad Kujau wurde damit jedenfalls zuerst reich und danach weltberühmt. Mehr über ihn und seine Fälscherkollegen erfährt man in diesem Museum.

JA   NEIN
H 4, www.faelschermuseum.at

**Haus der Musik –
Das Klangmuseum**
tgl. 10–22 Uhr
14/6 €

Akustische Erlebniswelt, die überraschende Zugänge zur Musik und zu Klang- und Geräuschwelten vermittelt. So gibt es etwa ein Walzerwürfelspiel, wo jeder selbst seinen eigenen Walzer komponieren kann.

JA   NEIN
Karte 2, F 5, www.hausdermusik.com

Bestattungsmuseum
Mo–Fr 9–16.30, März–Okt.
auch Sa 10–17.30 Uhr
6/5 €, bis 19 Jahre frei

Ein Rettungswecker aus einer Zeit, als man befürchtete, lebendig begraben zu werden, Leichenkutschen und jede Menge Särge, darunter ein Klappsarg, sind am Wiener Zentralfriedhof zu bestaunen. Wo sonst?

JA   NEIN
Karte 3, D 3, www.bestattungsmuseum.at

Uhrenmuseum
Di–So, Fei 10–18 Uhr
7/5 €, bis 19 Jahre frei

3000 Zeitmesser in einem alten Palais – die zu jeder vollen Stunde schlagen, rasseln und läuten. Die ältesten Exponate stammen aus dem 15. Jh., exorbitant ist eine astronomische Kunstuhr aus dem 18. Jh.

JA   NEIN
Karte 2, E 4, www.wienmuseum.at

Time Travel Vienna
tgl. 10–20 Uhr
19,50/15,90 €, bei Onlinebuchung 16,90/13,50 €

Moderne Zeitreise mit vielen Showeffekten, z. B. 5D-Kino, interaktive Fiakerfahrt mit fliegender Kutsche, Maria Theresia, Franz Joseph und Sisi als Animatronic Figuren. Manchmal darf es ruhig kitschig sein.

JA   NEIN
Karte 2, E 4, www.timetravel-vienna.at

Wiener Museumslandschaft

Vergessen Sie die Idee, die wichtigsten Wiener Museen bei einem einzigen Besuch gebührend zu würdigen – das schaffen Sie nicht einmal, wenn Sie im Winter kommen, alles andere ausklammern und zwei Wochen bleiben. Das liegt nicht nur an ihrer Menge (je nach Definition des Begriffs Museum schwanken die Angaben zwischen 100 und 300; einen Überblick gibt es auf www.wien.gv.at unter Kultur & Freizeit), sondern vielmehr an den unglaublich umfassenden Sammlungen, die man in der Donaumetropole über die Jahrhunderte angehäuft hat.

Es gilt also, eine kluge Wahl zu treffen. Zu den Top-Museen zählen das Kunsthistorische und das Naturhistorische Museum (▶ S. 37), die Sammlungen in der Hofburg und die Albertina (▶ S. 27) sowie das Leopold Museum und das MuMok im Museumsquartier (▶ S. 48). Sie alle liegen in Gehdistanz zueinander und werden noch ergänzt durch das Museum für Angewandte Kunst (▶ S. 37), die Präsentationen des Wienmuseums und des Belvederes inklusive 21er Haus (▶ S. 40) sowie die Zurschaustellung imperialer Prachtentfaltung in Schloss Schönbrunn (▶ S. 68).

TIPPS FÜR DEN BESUCH DER WIENER MUSEEN

Viele Museen sind Mo geschlossen und Mi oder Do bis in den späten Abend geöffnet. Es gibt verschiedene **Kombitickets**, z. B. Schloss Schönbrunn & Hofburg, Kunsthistorisches Museum & Schatzkammer oder Leopold Museum & MAK. Kinder und Jugendliche bis 19 Jahre genießen häufig freien Eintritt. Mit der Wien-Karte (▶ S. 112) erhalten Sie in den wichtigsten Museen ca. 10 bis 30 Prozent Ermäßigung.

Einmal im Jahr, Anfang Oktober, lädt der staatliche Rundfunk ORF zur **Langen Nacht der Museen** – dann haben 130 Wiener Museen bis 1 Uhr nachts geöffnet. Zudem wird ein großes Führungsprogramm geboten; das Ticket kostet nur 15/12 € (www.langenacht.orf.at).

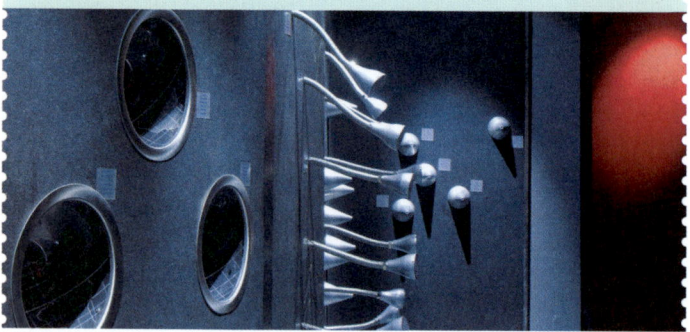

Kling, klang, klong. Jede Menge Raum für akustische Erfahrungen und händische Experimente bietet das Klangmuseum. Hier kann jeder zum Komponisten werden.

Wiens erste Moderne

Der imperiale Glanz der einstigen K.-u.-k.-Metropole überstrahlt auf den ersten Blick alles andere. Doch auch die Epoche vom Fin-de-siècle, in dem sich der Untergang der Monarchie bereits ankündigte, bis in die Goldenen Zwanziger, in denen die Moderne ihre ersten Schatten vorauswarf, hat markante Spuren im Stadtbild hinterlassen. Ich lade Sie zu einem architektonischen Streifzug vom Jugendstil bis zum sozialen Wohnungsbau ein.

Villa im Grünen
Ernst Fuchs Privatmuseum
🕮 Karte 3, A 2
Ganz weit draußen im Grünen liegt die Villa, die der Jugendstilarchitekt Otto Wagner mit großem Aufwand für sich und seine Gattin Louise erbaut hat (1885–86). Ernst Fuchs, Hauptvertreter des Wiener Phantastischen Realismus, erwarb die Villa 1972 und richtete sie als Museum seiner eigenen Werke – Gemälde, Skulpturen, Möbel – ein.
Hüttelbergstraße 26, T 01 914 85 75, www.ernstfuchsmuseum.at, U4: Hütteldorf, Bus: 52A oder 52B (Campingplatz West 1), 11/6 €

Kunst und Brot
Ankerbrot Fabrik 🕮 Karte 3, C 3
1891 wurde am Laaerberg in Wien-Favoriten die Brot- und Gebäckfabrik Anker gegründet. Für den Bau engagierte man Friedrich Schön, damals führender Industriearchitekt und Schüler von Theophil Hansen, der die Gebäude in Backstein ausführen ließ. Innerhalb von zehn Jahren wuchs die Fabrik zur größten Bäckerei Europas heran. Es gibt sie heute noch, allerdings hat man die Produktion umgesiedelt. Das historische Areal wurde mustergültig revitalisiert, es bietet heute zahlreichen Galerien Platz wie z. B. den Fotogalerien Ostlicht und Anzenberger oder dem Caritas Atelier 10. Ein spannender Ausflug für Architekturinteressierte und Kunstfreunde gleichermaßen.
Absberggasse 27, www.brotfabrik.wien, U1: Reumannplatz, Straßenbahn 6: Absberggasse

Wien gibt Gas
Gasometer 🕮 Karte 3, D 3
1899 wurden die vier Gasometer als Teil des Gaswerks Simmering eröffnet, damals das größte Europas – und in der Aufbruchstimmung im Wien der späten 1990er-Jahre von vier Stararchitekten-Teams zu einem neuen Stadtteil umgebaut: Jean Nouvel, Coop Himmelb(l)au, Manfred Wehdorn und Wilhelm Holzbauer gestalteten jeweils einen Behälter neu, die Außenhülle blieb als Industriedenkmal erhalten. An Raum herrscht kein Mangel: In jedem der vier Gasometer fände das Riesenrad locker Platz. Wohnungen, ein Studentenheim, ein Kino und eine kleine Shoppingmall sind heute hier untergebracht. Außerdem hat man in den letzten Jahren die Music-City forciert: Neben verschiedenen Ausbildungseinrichtungen finden Musikfans im Gasometer den Megastore Klangfarbe; in der Veranstaltunghalle unter dem gleichen Dach gibt's laufend schräg-schrille Töne.
Guglgasse/Eyzinggasse,/Döblerhofstraße, www.gasometer.at, U3: Gasometer

Kunstgenuss am Fluss
Wienflussportal 🕮 Karte 2, F 5
Der Stadtpark ist nicht nur eine Oase der Erholung. Dort, wo der Wienfluss sein überwölbtes Bett verlässt, befindet sich am Parkeingang das Wienflussportal (1903–1906). Die künstlerisch ausgestaltete Anlage mit Freitreppen zum Ufer, figural geschmückten

Bunt und modern und neu genutzt: in Wiens alten Gasometern sorgen Studentenzimmer, ein Kino und vieles mehr für neues Leben.

Kaimauern und zwei Pavillons wurde von den Jugendstilarchitekten Friedrich Ohmann und Karl Hackhofer entworfen. Auch die Meierei (▶ S. 91) ist Teil der monumentalen Gestaltung am Fluss.
Eingang Johannesgasse, T 01 40 00 80 42, www.park.wien.at, U4: Stadtpark, jederzeit frei zugänglich

Praktisch schön
Kirche am Steinhof 🗺 Karte 3, A 2
Die 1907 erbaute Kirche St. Leopold am Steinhof war der erste Kirchenbau der Moderne in Europa. Otto Wagner hat zum größten Teil auch die Innenausstattung, von den Beleuchtungskörpern über die Sitzbänke bis zu den Altären, entworfen. Außen wie innen hat er den praktischen Zweck mit Schönheit in Einklang gebracht. An der Ausstattung haben viele Künstlerkollegen Wagners wie z. B. Kolo Moser mitgewirkt.
Baumgartner Höhe 1, T 01 91 06 01 10 07, U4: Unter St. Veit, Bus 47A, Besichtigung Sa 16–17, So 12–16 Uhr, 5 €, Jugendstilführung April–Okt. Mi 14 Uhr, Treffpunkt im Foyer des Direktionsgebäudes, 16/14 €

999 Sterne am Himmel
Kirche zum Heiligen Karl Borromäus 🗺 Karte 3, D 3
Als Wiens Bevölkerung die Millionengrenze überschritten hatte und die alten Friedhöfe aus allen Nähten platzten, legte man 1874 den Zentralfriedhof an. Ab 1908 wurde dann nach Plänen von Max Hegele die Friedhofskirche gebaut, deren riesiger Raum unter der hohen Kuppel jedem beim Eintritt ein ›Aaah‹ ob der schieren Größe entlockt. Und überall Mosaiken und Ornamente in Farbe und Blattgold! In der Kuppel zeichnen 21 000 Steinchen 999 goldene Sterne auf tiefblauen Hintergrund. Auf dem parkähnlichen Friedhof selbst sind viele Berühmtheiten begraben wie Arthur Schnitzler, Friedrich Torberg oder Adolf Loos. Einen genauen Plan erhalten Sie bei Tor 2.
Simmeringer Hauptstraße 234, www.friedhoefewien.at, U3: Simmering, Straßenbahn 71: Zentralfriedhof 2. Tor, Nov.–Febr. 8–17, März, Okt.–Nov. 7–18, April–Sept. 7–19, Mai–Aug. Do bis 20 Uhr, Kirche: Nov.–Febr. 8–16, März–Okt. 8–17 Uhr, Audioguide 5 €

Absacker mit Stil
Loos Bar 🗺 Karte 2, E 4
Die Bar wurde 1908 von Adolf Loos entworfen, auf nur 24 m² bestimmen Holz, Glas, Messing und Onyx das heute denkmalgeschützte Frühwerk architektonischer Moderne. Sightseeing mal ganz entspannt.
Kärntner Durchgang 10, T 01 512 32 83, www.loosbar.at, U1, U3: Stephansplatz, tgl. 12–4 Uhr

Literaturstar
Strudlhofstiege 🕮 D 2
Heimito von Doderer widmete der
Stiege im 9. Bezirk, die er zum zentralen
Handlungsort machte, gleich einen
ganzen Roman. Die Strudlhofstiege ist
ein prachtvoller Jugendstilbau, angelegt
als Freitreppe (1910). Sie verbindet zwei
Straßen auf unterschiedlichem Niveau
miteinander in einer Kombination aus
Treppen und Rampen.
Liechtensteinstr./Strudlhofgasse 14a, U6:
Währinger Straße

Von der Muse geküsst
Klimt Villa 🕮 Karte 3, B 2/3
Gustav Klimt nutzte das ursprünglich
ohne ersten Stock errichtete Gartenhaus
im noblen Bezirk Hietzing als Atelier-
raum während seiner letzten Schaf-
fensperiode von 1911 bis zu seinem Tod
1918. Der Garten war damals ungefähr
dreimal so groß wie heute und für den
Künstler eine wertvolle Inspiration.
Anlässlich des Klimtjahres 2011 wurde
das Atelier anhand zeitgenössischer
Beschreibungen und Abbildungen
detailgetreu nachgebaut.
Feldmühlgasse 11, T 01 876 11 25, www.klimt
villa.at, U4: Unter St. Veit, Di–So 10–18 Uhr,
Führung Sa 14 Uhr, 10/5 €, Führung 2 €

Bunter Abend
Kabarett Simpl 🕮 Karte 2, F 4
Das älteste noch heute bespielte Ka-
barett Wiens eröffnete am 25. Oktober
1912 als »Bierkabarett Simplicissimus«;
das erste Programm brachte in dichter
Abfolge Rezitationen, Conferencen,
Klavierimprovisationen, Schnellzeichner,
Operettenschlager, Artisten und Chan-
sons. Bis heute wird im Simpl mit einem
festen Ensemble nach diesem Prinzip
des bunten Abends gespielt.
Wollzeile 36, T 01 512 47 42 14, www.simpl.at,
U3: Stubentor, Sept.–Juni Mo–Sa 20 Uhr, ab 19 €

Wellness anno dazumal
Amalienbad 🕮 Karte 3, C 3
Auch die arbeitende Masse sollte ihre
Entspannung haben: Das 1926 eröffnete
städtische Hallenbad im Arbeiterbezirk
Favoriten bot Platz für 1300 Besucher

und zählte damit zu den größten
Europas. Die 14 m hohe Schwimmhalle
besaß ein Sportbecken mit Sprungturm,
Tribünen und Kinderbecken; dazu gab es
Wannen- und Brausebäder, Kaltwasser-
becken und Luftbadeabteilungen auf
den Flachdächern. Nach dem Zweiten
Weltkrieg wurde es in reduzierter Form
wiederaufgebaut, besticht aber noch
immer durch seine Jugendstil- und
Art-déco-Elemente. Besonders sehens-
wert sind die Wandverfliesung und die
Mosaike in der Damensauna.
Reumannplatz 23, T 01 607 47 47, U1:
Reumannplatz, Di 9–18, Mi, Fr 9–21.30, Do
7–21.30, Sa 7–20, So 7–18 Uhr, ab 6,20/2,10 €

Rotes Wien
Karl-Marx-Hof, Waschsalon
🕮 Karte 3, C 1
Das Manifest des Roten Wiens ist selbst
in Rot gehalten. Nach dem Ersten Weltkrieg wollte die neue sozialdemokrati-
sche Stadtverwaltung ›Superblocks‹
die Wohnungsnot der Armen beseitigen
und gleichzeitig eine neue Alltagskultur
etablieren. Der Karl-Marx-Hof besitzt
eine Frontlänge von fast 1200 m und ist
noch immer in seiner Funktion als Ge-
meindebau erhalten. So nennt man hier
Wohnungsbauten im Stadtbesitz, die zu
günstigen Preisen vermietet werden. Im
Waschsalon, wo manche Mieter nach
wie vor ihre Wäsche waschen, ist im
ehemaligen Brausebad eine Ausstellung
zum Roten Wien zu sehen.
Heiligenstädterstr. 82–92, »Rotes Wien« im
Waschsalon, Eingang Halteraugasse 7, T 0680
141 57 44, www.dasrotewien-waschsalon.at, U4:
Heiligenstadt, Do 13–18, So 12–16 Uhr, 5/1 €

Die Dauerausstellung **a_schau**
im Architekturzentrum Wien
(Museumsquartier, www.azw.at,
tgl. 10–19 Uhr, 9/7 €) widmet sich
der Wiener und Österreichischen
Baugeschichte seit 1850.

Pause. Einfach mal abschalten

Gut 2000 Grünanlagen sprenkeln das Stadtgebiet, auch in den innerstädtischen Bezirken ist das nächste ruhige Bankerl für einen Pausenquickie nie weit. In den gepflegten Parks kann man aber auch längere Zeit verbummeln, bei weniger gutem Wetter empfiehlt sich der Besuch einer Wellnessoase. Bei sommerlichem Sonnenschein hingegen heißt die Devise: Ab ins nächste Bad.

Ein dufte(nde)r Park
Volksgarten 🕮 D 4
Eine echte Oase in der dicht besiedelten, vom viel befahrenen Ring umgebenen und touristisch trubeligen Innenstadt ist der wunderschöne Volksgarten, der über den Heldenplatz an die Hofburg anschließt. Nur hinein, lassen Sie die Stadt hinter sich und den Duft von Tausenden Rosen in ihre Nasenflügel strömen. Bezaubernd!
U2, U3: Volkstheater, U2: Rathaus, April–Okt. tgl. 6–22, Nov.–März 7–17.30 Uhr, Eintritt frei

In der Sonne dösen
Sigmund-Freud-Park 🕮 D 3
Im Park direkt vor der Votivkirche werden in den Sommermonaten täglich Liegestühle zur freien Benutzung aufgestellt. Rundherum tobt der Verkehr, doch im Baumschatten ist gut dösen. Da die Uni nahe ist, chillen hier auch gern ganze Trüppchen von Studenten.
U2, U4: Schottentor, jederzeit zugänglich, Liegestühle bis 21 Uhr, Eintritt frei

Augenweide
Blumengärten Hirschstetten
🕮 Karte 3, D 1
Ursprünglich diente das 60 000 m² große Areal der Stadtgärtnerei der Kultivierung von Frühjahrs- und Sommerblumen für die Saisonauspflanzung – diese Funktion ist heute anderswo in der Stadt angesiedelt. Die Blumengärten Hirschstetten erfreuen nunmehr das Herz der Gartenfreunde in verschiedenen Themengärten – vom Mexikanischen über den Indischen und Englischen Garten bis hin zum Provence- und Urzeit-Garten.
Quadenstraße 15, U2: Aspern Nord, Bus 95A: Blumengärten Hirschstetten, April–Okt. Di–So 9–18, Juni–Aug. Fr–Sa bis 20 Uhr, Eintritt frei

Kurflair
Therme Wien und Park Oberlaa
🕮 Karte 3, C 3
Wellnessvergnügen mit allem Pi-Pa-Po gibt's in der modernsten und größten Stadttherme, der aus schwefelhaltigen Heilquellen gespeisten Therme Wien in Oberlaa: 26 Wasserbecken, 24 Sauna- und Dampfkabinen locken zum totalen Entspannen. Selbstverständlich hat man auch jede Menge Wohlfühlanwendungen im Programm. Gleich hinter der Therme beginnt der Kurpark Oberlaa, 1974 anlässlich der internationalen Gartenschau angelegt, wo man beim Flanieren so manche exotische dendrologische Rarität entdecken kann.
Kurbadstraße 14, www.thermewien.at, U1: Oberlaa, Mo–Sa 9–22, So ab 8 Uhr, ab 20,50/14,50 €

Wellness nach Maß
Stressdeponie 🕮 C/D 5
Der Name ist Programm: Geben Sie den Stress am Eingang ab und erholen Sie sich bei Massagen in verschiedenen Techniken oder geben Sie sich bei Qi Gong, Meditation oder Yoga ganz der Entspannung hin.
Siebensterngasse 4, www.stressdeponie.at, U2: Museumsquartier, U3: Volkstheater, Mo 10.30–20,

»Wien liegt gut!« Unter diesem Motto bietet das Stadtgartenamt im Sigmund-Freud-Park kostenlos Liegestühle zum Relaxen an.

Di 10.30–19, Mi/Do 12–20, Fr 12–19, Sa 12–18 Uhr – Anmeldung unter T 01 990 45 30, ab 39 € für 25 Min.

Bali meets Marokko
Asiawanspa ◻ Karte 2, F 4
Sie können sich hier nach thailändischer oder balinesischer Art massieren lassen – oder marokkanisch im Dampfbad entspannen. Danach sind Sie fit für die nächste Unternehmung.
Grünangergasse 8, T 01 890 85 01, www.asiawanspa.at, U1, U3: Stephansplatz, tgl. 11–21 Uhr, Hammam mit Körperpeeling 99 € (60 Min.)

Wiener Lido
Gänsehäufel ◻ Karte 3, D 2
Von den mehr als 20 städtischen Bädern, darunter zehn Freibäder, möchte ich Besuchern das 100 Jahre alte Gänsehäufel ans Herz legen. Über Geschichte und ein entsprechendes Flair verfügen auch andere, aber nirgendwo sonst fühlt sich die Stadt mehr wie Urlaub an: Die ganze Insel in der Alten Donau ist eine riesige, baumbeschattete Liegewiese mit drei Stränden, Pools und Beachvolleyballplätzen. Wer möchte, badet hüllenlos im FKK-Bereich.

Moissigasse 21, www.gaensehaeufel.at, U1: Kaisermühlen, Bus 92A: Schüttauplatz, Mai–Sept. Mo–Fr 9–19, Sa/So 8–19, Mitte Mai–Aug. tgl. bis 20 Uhr, ab 6,20/2,10 €

NOCH WAS

Der 1874 stillgelegte **Communale Friedhof St. Marx** steht unter Denkmalschutz. Heute ist er Gedenkplatz und Parkanlage in einem, mit einem speziellen Erlebnis Ende April, Anfang Mai: An keinem anderen Platz in Wien blüht so viel Flieder auf engstem Raum. Stadtbesucher kommen meistens zum St. Marxer Friedhof, um das **Mozart-Grab** zu besuchen – das eigentlich gar nicht existiert: Als Mozart 1791 starb, wurde er in einem Armengrab beigesetzt. Ein halbes Jahrhundert später errichtete man an dieser Stelle ein Denkmal, das sein heutiges Bild 1950 erhielt. Leberstraße 6–8, U3: Zippererstraße, von dort mit der Tram 71 bis Litfaßstraße.

ZUM SELBST ENTDECKEN

Eine **Übersicht** aller Unterkünfte finden Sie auf der Seite von Wien Tourismus (www.wien.info), hier können Sie sich auch telefonisch bei der **Buchung** beraten lassen (T +43 1 245 55). Auch auf der Buchungsplatform www.tiscover.com/wien finden Sie ein breites Spektrum vom Luxushotel bis zum privaten Apartment. Natürlich haben auch www.hrs.com sowie www.airbnb.at zahlreiche Wiener Wohnangebote im Programm.

Als besonders gute Viertel gelten der schmucke **9. Bezirk** sowie die eleganten **Bezirke 3 und 4;** jüngere Semester zieht es hingegen in den **2. Bezirk,** wo sich die Kulturen mischen.

Träumen Sie schön …

… Sie wissen ja: Was man in der ersten Nacht in einem fremden Bett träumt, geht in Erfüllung. Da lohnt es sich schon, nach einer Bleibe Ausschau zu halten, in der man sich wohl fühlt. Gemütlichkeit bedeutet freilich für jeden etwas anderes, doch keine Bange, in Wien finden Sie für jeden Geschmack das Richtige, auch zum leistbaren Preis: Verglichen mit anderen Städten sind Wiener Hotels selbst in zentralen Lagen erschwinglich.

Dabei müssen Sie nicht entscheiden, ob Ihnen Wiener Flair oder doch hip & schick lieber ist – die Kreativität hier kennt nämlich keine Grenzen. Gerne nehmen moderne Hotels den Faden alter Zeiten stylisch auf, umgekehrt hält so mancher nostalgische Rahmen überraschend trendige Zimmer parat.

Selbst in der unteren Preiskategorie kann man schick logieren, wie etwa bei der Hostel-Kette Wombats (www.wombats-hostels.com), in den Meininger Hotels (www.meininger-hotels.com) oder bei der deutschen Low-Budget-Kette Motel One (www.motel-one.com).

Selbstverständlich sind in Wien auch die wichtigsten internationalen Hotelketten vertreten, die die Preisskala nach oben hin abrunden. Besonders luxuriös sind die Unterkünfte rund um den Ring, hier finden Sie auch Traditionshäuser wie das Sacher oder das Imperial. Die größte heimische Hotelkette ist Austria Trend Hotels & Resorts, sie besitzt 16 über das Stadtgebiet verteilte Häuser in drei Preisklassen (www.austria-trend.at).

Ein Hotel mit livriertem Service – hätte jeder gern!

Schlafen auf der Gasse
Grätzlhotel 🏠 F 3

Direkt am Puls der Stadt sind die Gäste des Grätzlhotels: Sie nächtigen in ehemaligen Geschäftslokalen im Erdgeschoss, die man zu gemütlichen Wohnungen mit großen Betten und kleiner Kitchenette umgebaut hat; modern, aber mit charmantem Vintagecharakter. So belebt man in Wien leer stehende Auslagen! Wer mehr Privatsphäre bevorzugt, bucht eine Gartensuite in einem ruhigeren Hinterhof. An vier Standorten – Belvedere, Neubau, Meidlinger und Karmelitermarkt – stehen insgesamt 9 Suiten zur Wahl.

Straßensuite Karmelitergasse 1, T 01 208 39 04, www.graetzlhotel.at, U1: Taborstraße, Suite mit Kitchenette ab 100 €

Smart Lifestyle
Hotel Daniel 🏠 G 8

Auf alles Überflüssige wird hier ganz leichtherzig verzichtet, entsprechend hell und luftig zeigt sich das gesamte Haus von der Lobby bis in die Zimmer. Ästhetisch liegt man damit voll im Trend und auch sonst weiß man hier, was Hipster so schätzen: ein opulentes Frühstücksbuffet in der Bakery mit Zutaten aus dem eigenen Stadtgarten und Honig von der Dachimkerei, überall Gratis-WLAN oder Vespas und Fahrräder zum Ausborgen.

Landstraßer Gürtel 5, T 01 90 13 10, www.hoteldaniel.com, U1: Hauptbahnhof, DZ ab 98 €

Stay open-minded
Magdas Hotel 🏠 H/J 3

Freches, lässiges, fröhliches Hotel, wo Multikulti nicht bloß die Zimmer dekoriert: Menschen aus immerhin 14 Nationen arbeiten hier – das Projekt wurde von der Caritas ins Leben gerufen, um Geflüchteten die Integration am Arbeitsmarkt zu erleichtern. Die Zimmer in dem einstigen Seniorenwohnheim sind im Upcycling-Style eingerichtet. Interessanter Nebeneffekt: Von den Balkonen und den oberen Stockwerken blickt man in den Prater.

Laufbergergasse 12, T 01 720 02 88, www.magdas-hotel.at, U1, U2: Praterstern, DZ ab 61 €

Fröhlicher Zirkus
25hours Hotel Wien 🏠 C 4

Das moderne Designhotel macht gute Laune, es ist knallbunt, fantastisch und ein klein wenig chaotisch eingerichtet – passend zum Motto »Zirkus«, das man für dieses Haus gewählt hat. Die Blütezeit des Zirkus vor gut 100 Jahren wird hier nostalgisch abgefeiert, beispielsweise mit Sägespänen unter Samtvorhängen.

Lerchenfelderstraße 1–3, T 01 521510, www.25hours-hotels.com, U2, U3: Volkstheater, DZ ab 120 €

Lavendelduft
Boutiquehotel Stadthalle 🏠 A 6

Der neue Anbau des ehrwürdigen Jahrhundertwendehauses bilanziert als erstes Stadthotel weltweit energietechnisch mit Null. Sie können wählen, ob Sie darin Quartier beziehen oder doch das Flair des Stammhauses mit seinen individuell eingerichteten Zimmern bevorzugen. Verbunden sind beide Häuser über die Lobby sowie den Garten, in dem im Sommer die Frühstückstische gedeckt sind – im Juni duftet dazu der Lavendel vom Dach.

Hackengasse 20, T 01 982 42 72, www.hotelstadthalle.at, U6: Burggasse–Stadthalle, DZ ab 110 €

Next Generation
Hotel Schani 🏠 Karte 3, C 3

Das Haus für digital Natives: mobiles Check-In und -Out, der Zimmerschlüssel am Smartphone und kostenloses Ultra-High-Speed-Glasfaserinternet im ganzen Haus – der Concierge ist durch eine App ersetzt. Auch die lässige Einrichtung trifft den Geschmack der Zielgruppe. Und weil heutzutage die Grenzen zwischen Arbeit und Freizeit immer mehr verschwimmen, gibt es Co-Working-Plätze, ausgestattet mit allen technischen Finessen (z. B. 1 Tag für 10 €). Entspannt wird in der multifunktionalen Lobby oder dem demnächst wild wuchernden Garten.

Karl-Popper-Straße 22, T 01 955 07 15, www.hotelschani.com, U1: Hauptbahnhof, DZ ab 80 €

In fremden Betten

Zu Gast bei Romy
Chez Cliché ⌂ Karte 2, E 4
In Wohnungen fiktiver Wiener Persönlichkeiten logiert man bei Chez Cliché. Da sind etwa Musik- und Designfan Beat, die Weltenbummlerin Romy oder der Pferdenarr Raul, nach deren Vorlieben man die zentral gelegenen Apartments mit viel Liebe zum Detail in handwerklicher Qualität ausgestattet hat. Auch wenn die Apartments verstreut liegen, steht das Team allen Gästen hilfreich zur Seite.
Naglergasse 19, T 01 503 69 67, www.chez-cliche.com, U3: Herrengasse, Apartment ab 179 €

Design im Jugendstilmantel
Alma Boutiquehotel Vienna
⌂ Karte 2, F 4
Erdfarben – gold, braun, orange – dominieren die schicke Einrichtung dieses kleinen Hotels, das in einem alten Jugendstilhaus residiert. Die roten Badezimmer erinnern an die 1970er-Jahre. Die Zimmer sind nicht allzu groß, dafür liegt das Haus sehr zentral.
Hafnersteig 7, T 01 533 29 61, www.hotel-alma.com, U1, U4: Schwedenplatz, DZ ab 134 €

Wohnkultur von anno dazumal
Altwienerhof ⌂ A 7
Die charmant altbackene Einrichtung hat etwas Omahaftes. Besonders gelungen in dieser Hinsicht sind die Apartments, gehalten in kräftigen Farben wie zur Kaiserzeit und opulent eingerichtet. Die Zimmer sind etwas schlichter, aber mit 25 m² großzügig bemessen. Biedermeiergarten im Innenhof.
Herklotzgasse 6, T 01 892 60 00, www.altwienerhof.at, U6: Gumpendorfer Straße, DZ ab 79 €

Schneekugelzimmer
Donauwalzer ⌂ A 3
Brauerei Ottakringer, Porzellanmanufaktur Augarten, Spielkartenfabrik Piatnik, Perzy Schneekugeln oder Staud's Marmeladen sind traditionsreiche Wiener Unternehmen. Sie standen gemeinsam mit sieben anderen Pate für die 12 Zimmer »Wiener Originale« im Hotel Donauwalzer. Sie sind natürlich Unikate und wurden mit Hilfe der Firmen bis ins kleinste Detail

inszeniert. Auch die Standardzimmer sind liebevoll eingerichtet.
Hernalser Gürtel 27, T 01 405 76 45, www.donauwalzer.at, U6: Alserstraße, DZ ab 60 €

Residieren
Hollmann Beletage ⌂ Karte 2, F 4
Chef Robert Hollmann ist weit in der Welt herumgekommen, als Koch, Zuckerbäcker und Schauspieler. 2003 hat er sich hier mit einem wunderbaren Design-Boutiquehotel sesshaft gemacht. Zunächst wurde die Residenz eröffnet: großzügige Zimmer in einem noblen Gründerzeithaus, gruppiert um ein edles Wohnzimmer und eine Essküche. Erweitert wurde das heute 25 Zimmer und eine Suite umfassende Hotel in späterer Folge noch um die Beletage und das Mezzanin.
Köllnerhofgasse 6, T 01 961 19 60, www.hollmann-beletage.at, U1, U4: Schwedenplatz, DZ ab 169 €

Durchgestylt
Altstadt Vienna ⌂ C 5
Die Zimmer in diesem Boutiquehotel sind mit ihren honigfarbenen Holzböden und farbenprächtigen Designmöbeln, mit ihren bequemen Betten und Sofas so wohnlich gestaltet, dass man sich wie daheim fühlt. Für alle, die das Besondere lieben, gibt es zudem neun Zimmer, die eigens vom italienischen Stararchitekten Matteo Thun gestaltet wurden – sie spiegeln mit ihren dunklen Parketten, pompösen Lüstern und roten Samtmöbeln das Flair des frühen 20. Jh. wider. Auch Starstylist Andreas Lackner sowie Modedesignerin Lena Hoschek durften Zimmer gestalten.
Kirchengasse 41, T 01 522 66 66, www.altstadt.at, U2, U3: Volkstheater, DZ ab 199 €

Wein und Design
Hotel Rathaus ⌂ C 4
Das Thema Wein beherrscht dieses stylische Hotel: Jedes der Zimmer ist einem österreichischen Spitzenwinzer gewidmet, entsprechend ist auch die Minibar bestückt. Stilvolle Weinaccessoires und Gläser sind *part of the game*, Gratis-WLAN in allen Zimmern ebenso. Im Badezimmer liegt Weinkosmetik

Uii! Schick! Und mit Fotokunst an der Decke! Tradition und Zeitgeist schließen sich in Wiener Hotels nicht aus.

bereit und schon am Frühstücksbuffet gibt es Weinkäse, Weingugelhupf und Weingelee. Und in der Weinlounge können Sie, während Sie in vinophiler Literatur schmökern, selbstverständlich Weine verkosten.

Lange Gasse 13, T 01 400 11 22, www.hotel-rathaus-wien.at, U2: Rathaus, DZ ab 130 €

Bed & Breakfast bei Barbara
Stadtnest 🏠 B 7

Wohnen wie die Wiener: Die beiden Gästezimmer liegen ebenso wie die Wohnung der Familie Lenz, die sich beim Aufenthalt um Sie kümmert, im dritten Stock eines Gründerzeithauses. Die Zimmer haben einen separaten Eingang, sind groß und wohnlich eingerichtet. Barbara Lenz macht ihren Gästen nicht nur das Frühstück, sie steht ihnen auch mit Rat und Tat zur Seite.

Stumpergasse 29, T 0676 700 71 07, www.bedandbreakfastvienna.at, U3, U6: Westbahnhof, DZ ab 98 €

Familiäre Frühstückspension
Pension Ani Falstaff 🏠 D 2

Adrettes Haus in einem guten Wiener Wohnbezirk, nicht weit von der City. Die Zimmer sind entsprechend der Preiskategorie zweckmäßig, aber hell und freundlich eingerichtet.

Müllnergasse 5–7, T 01 371 91 27, www.freerooms.at, U4: Roßauer Lände, DZ ab 58 €

Wohnen statt übernachten
A & A Apartments 🏠 H 4

Sehr elegant und trotzdem gemütlich – dieses Kunststück haben Aleksandra & Alexander bei der Ausstattung ihrer schicken Apartments vollbracht. Ein zusätzlicher Pluspunkt ist die private Terrasse in einem ruhigen, begrünten Innenhof.

Kegelgasse 20, T 0664 145 15 25, www.a-a-apartments.at, U3,4: Wien Mitte, ab 98 € pro Nacht für 2–3 Pers. plus 40 € Endreinigung, Mindestaufenthalt 3 Nächte, nur Wochenende auf Anfrage

ZUM SELBST ENTDECKEN

Märkte: Wo früher nur einfach Lebensmittel verkauft wurden, sitzt man jetzt in schicker Einrichtung oder im Freien unter Markisen und kostet sich einmal rund um die Welt. Dieser Trend, der am Naschmarkt begann, hat mittlerweile auch den Karmeliter- und Brunnenmarkt erreicht.

Kaffee & Kuchen: Zur legendären Wiener Kaffeehaustradition gehören auch Kuchen und Mehlspeisen, die jedes Café, das etwas auf sich hält, frisch und natürlich hausgemacht (!) anbietet. Genau das Richtige, um die Zeit zwischen Mittag- und Abendessen zu überbrücken. Schleckermäuler sind nachmittags im siebten Himmel.

Crossover auf allen Linien

Die Liebe zum guten Essen ist den Wienern in die Wiege gelegt, der über Jahrhunderte geschulte Gaumen steckt bereits in den Genen. Zudem ist in den letzten Jahren das Bewusstsein um die Wertigkeit von Lebensmitteln wieder enorm gestiegen, auch Dank der österreichischen Landwirtschaft, die zu den Spitzenreitern in Sachen Bio zählt.

Neben dem Trend zu vegetarischer oder gar veganer Ernährung, der sich nicht mit der klassischen Küche vereinen lässt, gibt es den noch viel stärkeren Trend zu saisonal-regionalen Zutaten, die auf Basis traditioneller Rezepte modern und leicht interpretiert werden; gerne auch um mediterrane oder asiatische Einflüsse bereichert.

Sieht man von den authentischen Ethnoküchen ab, die ebenfalls boomen, lässt sich die Küchenlinie zeitgemäßer Lokale selten in eine Schublade stecken. Das Angebot reicht vom Frühstück über Mittagsimbiss, Kaffee oder Jause am Nachmittag und abendlichem Dinner bis zum Cocktail. Crossover auf allen Linien eben.

Auf jeden Fall können Sie nahezu sicher sein, dass es schmeckt: Schlechte Küche geht in Wien gar nicht, unabhängig vom Preis. Mittelmäßige Lokale halten sich in der Stadt nur kurz. Dieser hohe allgemeine Standard ist vermutlich der Grund, warum es in Wien nur wenig noble Gourmettempel gibt – man braucht sie nicht und speist lieber einfacher (und gemütlicher).

In Wiens Kaffeehäusern schwelgt man in opulentem Dekor und in süßen Tortenträumen.

SO BEGINNT EIN GUTER TAG IN WIEN

Gesamtkonzept
Bakery im Daniel 🍴 G 8
Schon allein der lichtdurchflutete Raum mit dem Daniel-typischen Mix aus Vintage und Design lässt gute Laune aufkommen – und dann erst recht das Frühstücksbuffet (vielleicht sogar das beste der Stadt): Neben herzhaften regionalen Produkten, auch aus dem eigenen *urban garden*, stechen die zahlreichen Eier-, Omelett- und Waffelkreationen sowie der Honig von den Bienen auf dem Hoteldach hervor.
Landstraßer Gürtel 5, T 01 90 13 19 03 (am Wochenende reservieren!), www.hoteldaniel. com, U1: Hauptbahnhof, Frühstück tgl. 6.30–10, Sa/So bis 12 Uhr, 22 €

Höchste Ehren
Meierei im Stadtpark 🍴 Karte 2, F 5
Die Meierei wurde um 1900 als Milchtrinkhalle eröffnet – heute erinnert nicht nur der Name daran, sondern auch das umfangreiche Käse- und Milchangebot. Auf allerhöchstem Niveau (die Meierei ist ein Ableger des Steirerecks, des besten Restaurants Österreichs) serviert man hier weiterhin z. B. eine Waldpilz-Eierspeise mit Pfefferoni, backofenheißes Brot, Mohnnudeln mit Zwetschgen-Röster, Süßkartoffel-Pancakes oder Saiblings-Tatar mit Kürbis und Radicchio.
Am Heumarkt 2A, T 01 713 31 68 10 (am Wochenende reservieren!), www.steirereck.at/ meierei, U4: Stadtpark, Frühstück Mo–Fr 8–12, Sa/So ab 9 Uhr, Meierei-Frühstück 20,90 €

Versteckt hinterm Dom
Haas & Haas 🍴 Karte 2, F 4
Die Firma Haas & Haas ist eigentlich ein Teehaus – das ist die gute Nachricht für alle, die im nach starkem Kaffee süchtigen Wien den Magen in der Früh langsam auf Trab bringen möchten. Nicht nur die Auswahl an Heißgetränken ist groß: 20 verschiedene Frühstückskombinationen finden sich auf der Karte, vom Wiener Gabelfrühstück mit Sacher Würstel bis zum Chinesischen Frühstück mit Dim-Sum.
Stephansplatz 4, T 01 512 26 66, www.haas-haas.at, U1, U3: Stephansplatz, Mo–Sa 8–20, So, Fei 9–18 Uhr, American Breakfast 12,50 €

Müsli nach Maß
Corns n'Pops 🍴 D 6
Ein Müsli darf schon mal auf einem Wiener Frühstückstisch stehen – aber bitte nicht zu viel und nicht zu oft: Getreideflocken fristen hier ein eher unbeachtetes Dasein. Genau deswegen gibt es das Corns n'Pops: liebevoll zusammengestellte Müslimischungen werden mit Waffeln, Eiern oder Bagels unter klangvollen Namen wie ›Erfolg‹, ›Glück‹ oder ›Freude‹ als Frühstückskombis angeboten.
Gumpendorfer Straße 37, T 0664 131 20 05, www.cornsnpops.com, U4: Kettenbrückengasse, Mo–Fr 9–15.30 Uhr, Müslibrunch ›Glück‹ 7,90 €

Ei hoch drei
Café Engländer 🍴 Karte 2, F4
Bekannt für seine hervorragenden Frühstückseier – serviert weich gekocht, als Spiegelei, als Ei im Glas oder als Rührei. Besonders gelungen ist das Ham & Egg, das mit gebratenem, saftigem Beinschinken zubereitet wird. Viele Stammgäste schätzen zudem die unprätentiöse Atmosphäre.
Postgasse 2, T 01 966 86 65, www.cafe-englaender.com, U3: Stubentor, Frühstück Mo–Fr 8–11, Sa 8–15, So, Fei 10–15 Uhr, Engländer-Frühstück 10,60 €

WO ESSEN AUF NACHHALTIGKEIT TRIFFT

Urgestein
Hollerei 🍴 Karte 3, B 3
Stylisches Edelbistro, das sich fleischlosen und nachhaltigen Zutaten verschrieben hat. Auch neugierige Nichtvegetarier kommen hier voll auf ihre Kosten, etwa bei der Seitanroulade im Brickteig oder den Belugalinsen mit Champagner-Sellerie-Sauce. Die Hollerei gab's an diesem Standort als vegetarisches Restaurant bereits zu einer Zeit, als man noch davon ausging, ohne Fleisch wäre Ernährung unmöglich.

Hollergasse 9, T 01 892 33 56, www.hollerei.at,
U4: Schönbrunn, Mo–Fr 11–23, Sa 9–23, So, Fei
9–15 Uhr, Mittagsmenü 8,20 €, Hauptspeisen
10,90–15,90 €

Vegetarisch für Anfänger
Yamm 🍴 D 3
Hier wird nicht bloß gekocht und
Gemüse blanchiert, sondern kräf-
tig gewürzt, gegrillt, gebacken und
gratiniert. Ein internationales Buffet
und ein raffinierter Mix aus frischen
Kräutern und saisonalem Gemüse laden
zur kulinarischen Reise um die Welt.
Ein Schwerpunkt liegt aber auch auf
heimischer Kost – besonders beliebt
und empfehlenswert sind die Gram-
melknödel (mit Zwiebel statt frittiertem
Schweinefett). Vegane, glutenfreie
und laktosefreie Speisen sind speziell
gekennzeichnet.
Universitätsring 10, T 01 532 05 44, www.
yamm.at, U2, U4: Schottentor, Mo–Mi 8–23, Do/
Fr 8–23.30, Sa 9–23.30, So 9–15 Uhr, Buffet
100 g 2,95 €

Gutes Gewissen hoch zwei
Tian Bistro 🍴 C 5
Bei Tian kocht man nicht nur vege-
tarisch, sondern auch noch bio und,
falls möglich, darüber hinaus regional.
Wer sich zwischen Steinpilzrisotto und
Erdäpfel-Kürbis-Gnocchi nicht entschei-
den kann, ordert »Einmal alles, bitte«
und wird vom Küchenchef mit einem
saisonalen Menü überrascht.
Schrankgasse 4, T 01 526 94 91, www.
tian-bistro.com, Mo 17.30–22, Di–Fr 12–22,
Sa, So, Fei 10–22 Uhr, Hauptspeisen ab 14 €,
Einmal-alles-Menü 26 €

Fünf in einem
Ströck Feierabend 🍴 H 6
Normale Bäckereifiliale und gleichzeitig
Café, Bistro, Edelimbiss und Heuriger.
Das Motto lautet: »Gemeinsam mit
Freunden das Beste aus Brot & Wein
genießen«, wobei das in der Küche
Gebotene weit darüber hinaus geht.
So stehen etwa gebratener Seesaib-
ling oder geschmorter Römersalat mit
Leithagebirge-Kirsche neben der Brettl-
jause auf der Karte. Bei der Auswahl
der Zutaten legt man großen Wert auf

Bio, Saisonalität und Regionalität – ein
Großteil des Gemüses kommt aus einem
eigens angelegten Garten am Stadtrand.
Landstraßer Hauptstraße 82, T 01 20 43 99 99
30 57, www.stroeck-feierabend.at, U3, U4: Wien
Mitte, Mo–Sa 7–22, So 7–18, Fei 8–18 Uhr,
Hauptspeisen 11,90–17,90 €

Da haben wir den Salat
Hidden Kitchen 🍴 Karte 2, E 3
Zur Wahl stehen je nach Saison bis zu
acht unterschiedliche Salate, die man
besser als raffinierte Kaltspeisen bezeichnet; etwa Süßkartoffel mit Mohn-Wal-
nusspesto und Estragon oder Creamy
Perlencouscous mit Spinat, Frischkäse und
Gremolata-Breadcrumbs. Eine Tagessup-
pe, ein stärkendes Eintopfgericht, eine
Quiche sowie ein weitere Hauptspeise
runden das täglich ohne Zusatzstoffe
frisch gekochte Angebot bestens ab.
Färbergasse 3, T 01 276 83 98, www.hidden
kitchen.at, U3: Herrengasse, Mo–Do 10–16, Fr
10–15 Uhr, Tagesmenü ab 9,30 €

Alles selbst gemacht
Die Burgermacher 🍴 C 5
Ein Burgerladen als Empfehlung? Aber
sicher doch, denn die Bio-Burger aus der
Burggasse sind hausgemacht und schmecken nach Genuss und nicht nach Fast-
Food. Das Fleischlaibchen kommt saftig
und würzig daher, Senf und Ketchup
gehen mit feinen Aromen ab – sie sind
nämlich ebenfalls selbst gemacht und
mit Kräutern verfeinert. Auch beim Biss in
die Pommes schmeichelt das Grundpro-
dukt Erdäpfel dem Gaumen – und nicht
altes Frittieröl. Interessante vegetarische
Varianten.
Burggasse 12, T 0699 11589599, www.
dieburgermacher.at, Di–Fr 17–23, Sa 12–23, So
12–22 Uhr, Burger ab 8,90 €

Feigen vom Himmelreich
Labstelle 🍴 Karte 2, F 4
Der Fokus in diesem absolut durchge-
stylten Lokal liegt auf heimischer, regi-
onaler Küche – passend zum Ambiente
durchaus ungewöhnlich präsentiert und
kombiniert. Der Großteil der Produkte
stammt aus der näheren Umgebung,
darunter Pilze, Feigen, Artischocken

Leise rauscht der Donaukanal, während sich die Großstädter im Terrassen-Café am Fluss näher kommen. Wer sagt, dass Hipster keine Romantik mögen?

und natürlich kultivierte Tomaten und Zucchini aus Wien.

Lugeck 6, T 01 236 21 22, www.labstelle.at, U1, U 4: Schwedenplatz, Mo–Fr 11.30–24, Sa ab 10 Uhr, Hauptspeisen 21,90–28,90 €

INSTITUTIONEN

Venedig anno 1950

Motto am Fluss  Karte 2, F 3

Das Restaurant in der Schiffsanlegestation am Donaukanal ist zwar noch jung, aber doch schon Kult. Das Ambiente erinnert an ein Luxuskreuzfahrtschiff, nur dass sich hier nichts bewegt: Die neue Skyline Wiens am stadtauswärtigen Donaukanalufer bleibt fest im Blickfeld. Ausgezeichnete internationale Küche mit österreichischen Schwerpunkten.

Schwedenplatz 2, T 01 252 55, www.mottoamfluss.at, U1, U4: Schwedenplatz, Mo–Fr, So 12–14.30, 18–2, Sa 18–2, Küche bis 23.30 Uhr, 2-gängiges Mittagsmenü 17 € (plus 3,50 € Gedeck), Hauptspeisen am Abend 14–28 €

Schnitzelkönig

Figlmüller Karte 2, F 4

Das berühmteste Schnitzellokal der Stadt – berühmt, weil die Schnitzel hier größer, dünner und knuspriger als üblich sind. Verwendet wird ausschließlich das Fleisch der Karreerose vom Schwein, in die Panier kommen Brösel der Kaisersemmeln, die besonders knusprig sind, und gebacken wird in feinem Pflanzenöl, das ständig ausgetauscht wird. Achtung: Nicht zu verwechseln mit dem echten Wiener Schnitzel, das aus Kalbfleisch besteht, aber nicht halb so beliebt ist wie sein Pendant vom Schwein – es wird ebenfalls hier serviert.

Bäckerstr. 6, 01 512 17 60, www.figlmueller.at, U1, U3: Stephansplatz, tgl. 11.30–23.30 Uhr, Figlmüller Schnitzel 15,50 €, Salat dazu 4,70 €

Klassisch bodenständig

Huth Gastwirtschaft Karte 2, F 5

Fixstern unter den gutbürgerlichen Restaurants der Stadt. Die Speisekarte liest sich wie ein Who's Who der Wiener Küche: Kalbsbutterschnitzel mit Erdäpfelpüree, Tafelspitz mit Rösti und Zwiebelrostbraten, zum Nachtisch Apfelstrudel und Powidltascherl. Dazu gibt's Ottakringer Bier vom Faß, rare Craft-Biere aus Österreich und natürlich feine heimische Weine. Die Einrichtung ist klassisch wienerisch.

Schellinggasse 5, T 01 513 56 44, www.huthgastwirtschaft.at, U4: Stadtpark, tgl. 12–24 Uhr, Wiener Klassiker 14,90–19,90 €

Satt & glücklich

Spitzenmäßig
Steirereck  Karte 2, F 5
Seit Jahrzehnten schon kocht Familie Reiterbauer in ihrem Steirereck auf allerhöchstem Niveau, die Küche gilt verlässlich als beste Österreichs und auch in internationalen Rankings befindet man sich in den Top 15. Trotz aller Auszeichnungen sind die Reiterbauers bodenständig geblieben und wahrscheinlich ist genau das der Grund für den anhaltenden Erfolg.

Am Heumarkt 2A, T 01 713 31 68, www.steirereck.at, U4: Stadtpark, Mo–Fr 11.30–14.30 und ab 18.30 Uhr, Hauptspeise zum Mittag 22–55 €, abendliches 6-Gang-Menü 155 €

Wien ohne Beisl geht gar nicht
Steman  C 7
Wien ist berühmt für seine Kaffeehäuser – das Beisl ist das Pendant dazu, wenn es ums Essen geht. Die Schaltzentrale ist die geräumige Schank, wo Wein gekühlt und Bier gezapft wird und der Kellner ausschwärmt zu den Tischen. Unverzichtbarer Bestandteil jedes Beisls: eine durch die Jahre patinierte Holzvertäfelung, eine Speisekarte mit Altwiener Spezialitäten zum günstigen Preis und ein sehr gemischtes Publikum. Wie beim Steman eben.

Otto-Bauer-Gasse 7, T 01 5978509, www.steman.at, U3: Zieglergasse, Mo–Sa 11–24 Uhr, Hauptspeisen 8–18 €

Unscheinbar
Café Amacord  D 6
Das Café entzieht sich der Beschreibung, es ist weder schick noch klassisch, weder alternativ noch trendig – aber es ist Kult. Für viele Stammgäste kommt es einem erweiterten Wohnzimmer gleich. Die hausgemachten Kärntner Kasnudeln sind hervorragend.

Rechte Wienzeile 15, T 01 587 47 09, www.amacord-cafe.at, U1, U2, U4: Karlsplatz, Mo–Fr 11.30–14.30 und 17–1, Sa, So 11.30–1 Uhr, Hauptspeisen 11,80–19,80 €, Kasnudeln 11,80 €

Eine Spittelberg-Institution: Im Amerlingbeisl sitzt man lauschig unter Weinranken, wenn es regnet, prasseln die Tropfen auf das ausfahrbare Glasdach.

SZENETREFFS

So nett
Ulrich 🕐 C 5

Rund um den unglaublich malerischen Platz im Windschatten der St. Ulrichs-Kirche haben sich in den letzten Jahren allerlei stylische Geschäfte angesiedelt. Mit dem Ulrich – Restaurant, Café und Bar in einem – gibt es dazu einen gemütlichen, mit viel Holz ausgestatteten Treffpunkt, der auch mit seinem entzückenden Gastgarten punktet. Die Spezialitäten hier sind herrlich belegte Flammkuchen namens »Flat Ulrich«, kreative Salatkombinationen sowie Kleinigkeiten im Tapas-Format.

St.-Ulrichsplatz 1, T 01 961 27 82, www.ulrich wien.at, U2, U3: Volkstheater, Mo–Fr 7.30–1, Sa/So, Fei ab 9 Uhr, Mittagsmenü ab 10 €, Flat Ulrich 7,50–9,50 €

Savoir Vivre
Café Français 🕐 D 3

Rustikale Holztische und Holzbänke sind der Blickfang in diesem charmanten Lokal. Viel Licht fällt durch die hohe Fensterfront herein, reflektiert von der verspiegelten Längsseite, die auch für eine gewaltige Raumwirkung sorgt. Quiches, Coq au vin und Käseteller stehen hier auf der Karte, besonders variantenreich präsentiert sich das Frühstücksangebot. Wagemutige probieren den Boding: Lauwarmer Croissantauflauf mit Äpfeln und Rosinen. Auch die Getränkekarte sucht sich nicht lassen: französische Weine, Biere und Cidres.

Währinger Str. 6–8, T 01 319 09 03, www.cafe francais.at, U2: Schottentor, Mo–Sa 9–24 Uhr, Hauptspeisen 9–15 €

Bei jedem Wetter
Amerlingbeisl 🕐 C 5

Lieblingsplatz der Studenten, besonders nett ist es im Sommer, wenn man im Biedermeier-Innenhof sitzen und ratschen kann. Die Speisekarte entzieht sich jeder Schubladisierung, die Palette reicht von der urigen Brettljause über Lachs-Teriyaki bis hin zum veganen Schokoladen-Fudge mit Zwetschgenkonfekt.

Stiftgasse 8, T 01 5261660, www.amerlingbeisl. at, Mo–Fr 11.30–2, Sa, So, Fei 10–2 Uhr, Hauptspeisen ca. 10 €

Zeitgeist am Punkt
Rochus 🕐 H 5

Das schicke Rochus, dessen Schanigarten (Tische und Stühle im Außenbereich) im Winter sogar beheizt ist, entzieht sich der klassischen Beschreibung. Es ist eine kosmopolitische Bar ebenso wie ein trendiges Restaurant, eine urbane Lounge oder ein modernes Wiener Café. Sie können hier beispielsweise bei einem Cocktail chillen, feinsten Barista-Kaffee schlürfen oder eben auch gut crossover (Wiener Küche, Wok, Pasta) essen.

Landstraßer Hauptstraße 55–57, T 01 710 10 60, www.rochus.at, U3: Rochusgasse, tgl. 8–2, Do/Fr/Sa bis 3 Uhr, Hauptspeisen 9,30–19 €

Nudelsuppe
Nguyen's Pho House 🕐 B 4

Richtig authentisch vietnamesisch isst man bei den Nguyens – auch das Ambiente ist wie in Vietnam üblich reduziert (aber dann glücklicherweise doch nicht gar so spartanisch). Die Küche ist – für kulinarische Liebhaber dieser Weltecke – jedenfalls sensationell. Das gilt auch für die Pho Bo, Rinderbrühe mit Reisbandnudeln, das Nationalgericht.

Lerchenfelder Straße 46, T 01 956 53 24, www. nguyensphohouse.at, U2, U3: Volkstheater, Mo, Mi–So 11–22 Uhr, Pho Bo 8,50 €

Pazifisch
Mochi 🕐 G 3

Echt japanisch das Essen, echt wienerisch das lässige Ambiente, echt erfreulich die leistbaren Preise. In diesem zu Recht hochgelobten Trendlokal lässt sich die ganze Bandbreite der pazifischen Küche entdecken. Tipp für Meeresfrüchtefans: Die Crispy Prawns sind ein Gedicht. Abends und samstags unbedingt reservieren: Das Lokal ist winzig und total in.

Praterstraße 15, T 01 925 13 80, www.mochi.at, U1, U4: Schwedenplatz, Mo–Sa 11.30–22 Uhr, Business-Lunch ab 12,50 €, Hauptspeisen Abendkarte 10–15,50 €

Auf in den Kaukasus
Cafe Ansari 🍷 G 3

Küche aus dem Kaukasus in einem hippen, auch innenarchitektonisch interessanten Lokal – das gewagte Experiment der Georgier Nana und Nasser Ansari ist voll aufgegangen: Über Besuchermangel können die beiden nicht klagen. Die Küche zeigt sich orientalisch-persisch beeinflusst. Schönes Interieur mit Eichendielen, gekachelter Schank und Trinkbrunnen, an dem die Gäste sich selbst bedienen können. Teilt sich mit dem nebenan liegenden Mochi einen idyllischen Platz, auf dem man bei Schönwetter draußen sitzt.

Praterstraße 15, T 01 276 51 02, www.cafeansari. at, U1, U4: Schwedenplatz, Mo–Sa 8–23, So 9–15 Uhr, Hauptspeisen 12,50–25,80 €

Böhmisches Wohnzimmer
Am Nordpol 3 🍷 G1

Direkt am Augarten können Sie in böhmischen Knödeln und Nockerln schwelgen. Es empfehlen sich aber auch die Süßspeisen wie Mohnnudeln, Liwanzen oder Palatschinken (Pfannkuchen, traditionell mit Marillenmarmelade). Anregende Wohnzimmer-Beisl-Atmosphäre, junges, alternatives Publikum, sehr schöner Gastgarten.

Nordwestbahnstraße 17/Nordpolstraße 3, T 01 333 58 54, www.amnordpol3.at, U2: Taborstraße, Mo–Fr 17–24, Sa/So, Fei ab 12 Uhr, Hausmannskost 9–14,80 €

DER SCHNELLE IMBISS: WÜRSTELSTAND

Eine original österreichische Einrichtung ist der **Würstelstand,** der noch während der K.-u.-k.-Monarchie erfunden wurde. Die Würstelstände – meist Kioske auf dem Gehsteig – bieten neben Frankfurtern (Wiener Würstchen), Käsekrainern, Bratwürsten und Hot Dogs jede Menge kulinarische Überraschungen und ein breites Getränkeangebot vom Himbeerkracherl bis zum Spezialbier.

EXPERIMENTIERFREUDIG & UNGEWÖHNLICH

Wild wuchernde Kräuter
Weinhandwerk 🍷 Karte 3, C 1

Ungefähr 100 verschiedene Wildpflanzen gedeihen in Martin Strobls Garten. Brennesseln wuchern mit Giersch um die Wette, daneben beschattet Bärenklau den Gundermann. Im Weingarten sind sie die biologischen Helferlein, in der Küche des Lokals Weinhandwerk verarbeitet man sie zu Wildkräutersalat, in Quiches, Aufstrichen und für bunte Tapas-Variationen. Der urgemütliche Heurige liegt am Fuß des Bisambergs und bietet sensationelle Ausblicke auf die Stadt.

Senderstraße 27, T 0680/401 41 51, www.weinhandwerk.at, U6: Floridsdorf, Bus 228 Senderstraße, April–Okt. Fr/Sa ab 14, So, Fei ab 12 Uhr

Bistro und Rennrad-Shop
Ghisallo 🍷 C 8

Chefin Livia Palffy liebt das Radfahren und gute mediterrane Küche. Mitten in Wien vereint sie ihre beiden Leidenschaften im Ghisallo, wo man Rennräder kaufen und ungezwungen essen kann. Das Augenmerk liegt auf italienischer Kost, doch zwischen Dorade und Foccacia mischen sich auch Grießnockerlsuppe und Wiener Schnitzel. Auf jeden Fall wird hier mit frischen Zutaten unter Verzicht auf Zusatzstoffe gekocht.

Schönbrunnerstraße 97, T 0677 612 958 80, www.ghisallo.cc, U4: Margaretengürtel, Di–Fr 7–14.30, Sa bis 14, Di–Sa ab 18 Uhr (so lange es dauert), Hauptgerichte 10–20 €

Cocktails vom Roboter
Rollercoaster Restaurant Vienna 🍷 J 2

Im Achterbahnrestaurant sausen die Speisen und Drinks auf Schienen und durch Loopings zum Gast, begleitet von spektakulären Lichteffekten. Roboter sind für die Verteilung der Transportschlitten zuständig, bestellt wird via Tablet. Das Essen, obwohl durchaus von guter Qualität, wird hier zur Nebensache.

Riesenradplatz 6/Top 1A, T 0660 244 38 23,
www.rollercoaster.rest, U1, 2: Praterstern, Mo–Do
17–22.30, Fr–So, Fei ab 11.30 Uhr, Pasta ab
7,90 €, Burger ab 10,90 €

Gar nicht altbacken
Café Vollpension  E6
Hier sieht's aus wie in Omas Wohnzim-
mer – nur ein bisschen cooler. Die alten
Flohmarktmöbel, Stehlampen und Bilder
sorgen für ein gemütliches Ambiente.
Die Vollpension ist ein Generationen-
café, hier steht die Oma auch hinter
dem Herd und serviert neben ihren
Lebensgeschichten selbst gemachte
(himmlische!) Kuchen und Torten sowie
Deftiges gegen den Hunger wie etwa
Wiener Saftgulasch.
Schleifmühlgasse 16, T 01 585 04 64, www.
vollpension.wien, U1, U2, U4: Karlsplatz, Mo–Sa
7.30–22, So, Fei 8–20 Uhr, Kuchen 3,40 €,
Gulasch 9,90 €

Privater Kreis
Mezzanin 7 D2
Unter dem Motto »Essen bei Freunden«
öffnet man mehrmals in der Woche
am Abend die Türen zur privaten
Altbauwohnung, wo der Tisch zum
Private Vintage Dinner gedeckt ist: Die

FISCHERS FRITZ

Österreich liegt zwar nicht (mehr) am
Meer und auch der einst so riesige
Donaufischmarkt am Kai ist längst
Geschichte. Dennoch kann man in
Wien vorzüglich **Fisch essen.** Er
kommt oft direkt aus der Adria und
wird auch mediterran zubereitet –
etwa am Naschmarkt im Nautilus,
Umar oder Fischviertel. Ganz besondere Delikatessen stammen aus den
vielen Seen, Flüssen und Teichen
Österreichs. Vor allem Saibling findet
sich häufig auf den Karten jener Restaurants, die sich ehrliche, moderne,
regional-saisonale Küche auf die
Fahne geschrieben haben.

Wohnung wurde mit Flohmarktraritäten
eingerichtet und mit historischen
Fotografien und Malereien dekoriert –
die Küche hat sich auf alte Rezepte der
ehemaligen Kronländer spezialisiert.
Liechtensteinstraße 12/2/7, T 0664 513 08 35,
mezzanin7.at, U2: Schottentor, meist Mi/Do/Fr
5-Gänge-Dinner 59 €

*Dass die georgischen Gerichte im Cafe Ansari lecker sind, hat inzwischen die Runde
gemacht. Ohne Reservierung muss man daher leider manchmal wieder gehen.*

ZUM SELBST ENTDECKEN

Gute Ausgangspunkte
für **Trendshopping** sind
der 7. Bezirk (Neubau,
► S. 48) sowie die di-
rekt an den Naschmarkt
angrenzenden Teile des
4. und 5. Bezirks (Wie-
den und Margareten,
► S. 44). Allerhand
schräge Läden finden Sie
im 2. Bezirk (Leopold-
stadt, ► S. 57) rund
um den Karmelitermarkt.

Shoppen oder Stöbern?

**Kaufen Sie lieber großflächig ein, und das Glühen
der Kreditkarte lässt Ihre Augen leuchten – oder
können Sie sich stundenlang mit Kramen und Gus-
tieren, immer auf der Suche, beschäftigen? Wien
bietet erstklassige Möglichkeiten für das eine wie
das andere – aber selten am gleichen Platz.**
Shopper mit normalem Budget sollten sich in die
Mariahilfer Straße begeben, die wichtigste Ein-
kaufsstraße der Stadt. Vom Westbahnhof bis zum
Ring ist sie gesäumt von mehr als 600 Geschäften und Kaufhäusern. Moderne Filialketten wie
H & M, Benetton oder Mango haben hier Filialen,
einige alteingesessene Geschäfte behaupten sich
gegen die globale Konkurrenz.

Die zweite wichtige Einkaufszone ist die
Kärntner Straße. Hier ist die Ware hochpreisig,
in den Seitengassen hüten kleine Antiquitäten-
läden ihre Schätze. So richtig luxuriös wird das
Shoppingvergnügen im anschließenden Bereich
von Graben, Kohlmarkt und Tuchlauben mit dem
Goldenen Quartier und den Flagshipstores internationaler Luxuslabels (► S. 24).

Echten Stöberern seien die Wege etwas abseits empfohlen – hier gibt es spannende Entdeckungen zu machen: Seit einigen Jahren entsteht
nämlich in Wien wieder richtungsweisende Mode
und Design. Atelier-Shops junger Modemacher
und Künstler, die ihre Ware zu leistbaren Preisen
anbieten, finden sich geballt in verschiedenen
Stadtteilen (s. links), im Umfeld haben sich hippe
Concept Stores angesiedelt.

*Bei Meinl am Graben staunt selbst der Kenner vor den
Delikatessen aus aller Welt.*

DELIKATESSEN & LEBENSMITTEL

Blütengeschmack
Blühendes Konfekt 🏷 B 7
In seiner Werkstatt zaubert der Auto-
didakt Michal Diewald feine Köstlichkei-
ten wie Limetten-Hollerblüten-Marzipan
in Gelbwurz oder Kamillenblüten-Scho-
kolade. Als Aromaforscher experi-
mentiert Diewald mit Wildfrüchten,
Kräutern und getrockneten, mit Zucker
konservierten Blüten. Diese werden mit
Schokolade und Marzipan kombiniert –
alles bevorzugt aus biologischem Anbau. Wer in der kleinen Konfekt-Werk-
statt vorbeischaut, kann dem Team bei
der Arbeit zusehen. Es gibt auch sehr
unterhaltsame Verkostungen.
Schmalzhofgasse 19, T 0660 341 19 85, www.
bluehendes-konfekt.com, U3: Zieglergasse, Mi–Fr
10–18.30 Uhr

Worldwide-Deli
Meinl am Graben 🏷 Karte 2, E 4
Delikatessen aus aller Welt: weiße
Trüffel aus dem Piemont, Krabben-
butter und Bordeaux aus Frankreich.
Man behauptet sogar, dass es keine
namhafte Delikatesse gibt, die man hier
nicht führt. Selbstverständlich sind auch
österreichische Produkte im Sortiment
wie edle Öle, feine Schokoladen, würzi-
ge Käse- und Schinkenspezialitäten oder
kräftige Weine.
Graben 19, T 01 532 33 34, www.meinlamgra
ben.at, U1, U3: Stephansplatz, Mo–Fr 8–19.30,
Sa 9–18 Uhr

Zuckersüß
Bonbons Dürnberger 🏷 C 6
Nostalgisches Wiener Zuckerlgeschäft,
in dem die Bonbons wunderbar nach
Kindheit schmecken und die Pralinen
und anderen Zuckerwaren in den
offenen Vitrinen jeden Willen zum
Abnehmen erfolgreich torpedieren:
Rumpastillen (aus eigener Produktion
nach streng geheimer Rezeptur), dazu
weitere Eigenerzeugnisse wie Mandel-
bruch, Orangetten, Datteln mit Pista-
zienmarzipan, Schokomaroni, Nougat,
Kokosstangerl, Trüffelkugeln …

Neubaugasse 18, T 01 523 63 60, www.bon
bons-neubaugasse.at, U3: Neubaugasse, Mo–Fr
9–18, Sa 9–17 Uhr

Wiese süß-sauer
Henzls Ernte 🏷 D 7
Gertrude Henzl bietet in ihrer Manufaktur
je nach Saison die unterschiedlichsten
Delikatessen aus Wiese, Wald und Garten:
selbst gesammelte Wildkräuter als
Frischware, selbst Eingelegtes und Einge-
machtes wie Marmeladen, Chutneys oder
Gemüsekonfekt, gezuckerte und gesal-
zene Blüten und Kräuter. Eine Spezialität
sind ihre Fruchtmatten, hergestellt aus
allerlei Obst, das im Garten von Freunden
wächst: Die Früchte werden mitsamt
Schale und Kerngehäuse püriert, danach
auf Matten aufgestrichen und schonend
getrocknet. Dadurch bleiben Vitamine
und Enzyme in Rohkostqualität erhalten,
die gesunde Nascherei ist lange haltbar
und zeichnet sich durch einen intensiven
Fruchtgeschmack aus.
Kettenbrückengasse 3, T 0676 755 25 26, www.
henzls.at, U4: Kettenbrückengasse, Di–Fr 13–18,
Sa 9–17 Uhr

Essbare Kunst
Patisserie Fruth 🏷 D 6
Eduard A. Fruth bezeichnet sich selbst als
Chocolatier und Patissier aus Leiden-
schaft. So steht er zwar ab und an selbst
im Verkaufsraum seines adretten Ladens,
werkelt aber meist doch im Hinterzimmer
an seinen Trüffeln, Pralinen, Törtchen
und Desserts. Wer diese Kunstwerke
gleich vor Ort verspeisen möchte, kann
dazu an Stehtischchen Kaffee, heiße
Schokolade oder Champagner trinken.
Am Samstag, wenn es halb Wien zum
nahen Naschmarkt zieht, drängelt sich die
Kundschaft in dem kleinen Laden.
Kettenbrückengasse 20, T 0664 143 22 43,
www.fruth.at, U4: Kettenbrückengasse, Di–Fr
11–19, Sa 9–17 Uhr

Nasenschmaus
Sonnentor 🏷 Karte 2, F 4
Das ist nun wirklich mal ein dufter Laden:
Gewürze, Kräuter, Tees und Früchte
schmeicheln sich bei Sonnentor in die
Nase. Alles in Bio-Qualität und fair ge-
handelt. Vieles kommt aber sowieso aus

Einer der Mitbringselklassiker überhaupt stammt ursprünglich aus Wien und ist hier auch in vielen Souvenirläden zu haben: die **Schneekugel.** Ihr Erfinder war Erwin Perzy, dessen Nachkommen noch heute im 17. Bezirk die Kugeln von Hand fertigen. Rund 200 000 Stück werden hier jährlich produziert und in die ganze Welt geliefert. Der Firmeninhaber Erwin Perzy III lässt sich immer wieder neue Motive einfallen, das Rezept für den Kunstschnee bleibt ein streng gehütetes Familiengeheimnis. Fernostprodukte erreichen die Rieselqualität des Schnees nicht. Leisten Sie sich also lieber ein Original. Sie können die Fabrik mit Museum und Shop auch besuchen (www.viennasnowglobe.at).

Österreich, denn die Kräuter und Früchte des Waldviertels – vom Frauenmantel bis zur Malve, von der Apfelminze bis zum Ysop – waren für Johannes Gutmann, Bauernsohn aus dieser strukturschwachen Region nordwestlich von Wien, der Anlass, die Firma zu gründen.
Wollzeile 14, T 01 3360339, www.sonnentor. com, U1, U3: Stephansplatz, Mo–Fr 9–18.30, Sa 9–17 Uhr

Geschichte, die schmeckt
Wiener Oblaten D 6

In dem Geschäft gegenüber vom Naschmarkt – eigentlich müsste man Geschäftchen sagen, so winzig ist das Gassenlokal – scheinen die Uhren schon vor ziemlich langer Zeit stehen geblieben zu sein. Auch der charmante Chef stammt aus einer anderen Epoche, was sich weniger auf sein Alter als vielmehr auf seine Haltung und Höflichkeit bezieht. Das alles passt vortrefflich zum angebotenen Produkt: Original Karlsbader Oblaten, die 1912 im tschechischen Kurort erfunden wurden und schon bald über diese

Dependence auch in der K.-u.-k.-Reichshauptstadt frisch erhältlich waren. So wunderbar kann Geschichte schmecken.
Rechte Wienzeile 25–27, T 01 586 67 84, www.wiener-oblaten.at, Mo–Fr 13–18.30, Sa 9–13 Uhr

GESCHENKE, DESIGN, KURIOSES

Duftendes Badezimmer
Alles Seife E 6

Handgemachte Naturseifen, direkt vom Block geschnitten. Sie sind mild und cremig auf der Haut – und duften herrlich, etwa nach Almkräutern, Melange, Rosenblüten oder Lavendel. Ein witziges Geschenk sind die Badeconfiserien – Badetabs, die aussehen wie vom Zuckerbäcker hergestellt.
Naschmarkt 54, T 0664 915 99 10, www. allesseife.at, U4: Kettenbrückengasse, Mo–Fr 9–19 (im Winter bis 18), Sa 9–17 Uhr

Kramladen
Anna Stein Salon D 6

Die namengebende Inhaberin scheint eine Sammlerin zu sein: kunterbunte japanische Dosen, neonfarbige Plastikhirschköpfe als Kleiderhaken, Filzbags mit Schweinegesichtern, Badesalz aus Südfrankreich … Dieses ganze kunterbunte Sammelsurium an hübschen Sachen wird von der Chefin höchstpersönlich präsentiert.
Kettenbrückengasse 21, T 0699 12 03 14 30, www.anna-stein.com, U4: Kettenbrückengasse, Mi–Fr 13–19, Sa 10–17 Uhr

Schick und zu gebrauchen
feinedinge* D 7

Aus feinem Porzellan gefertigte Speiseservice, Becher, Schalen, Sushi-Sets, Blumenvasen und Wandlichter – Sandra Haischberger kombiniert zeitgemäßes Design mit echtem Gebrauchswert. Besonders schön sind die fein perforierten ›Moonstruck-Lampen‹ und Leuchtkugeln, die zarte Muster an die Wände und auf die Möbel zaubern.
Margaretenstraße 35, T 01 954 09 18, www. feinedinge.at, U4: Kettenbrückengasse, Mo–Sa 10–18 Uhr

Jugendstil-Anleihe
Österreichische Werkstätten
🔖 Karte 2, E 4
Die Österreichischen Werkstätten verstehen sich als Nachfolger der Wiener Werkstätte, die aus dem Jugendstil entstanden ist. In dieser Tradition werden Designerschmuck, Glasdesign, Taschen und Accessoires angeboten, als Einzelstücke oder in Kleinserien von den Kunsthandwerkern selbst produziert.
Kärntner Straße 6, T 01 512 24 18 10, www. austrianarts.com, U1, U2, U4: Karlsplatz, Mo–Fr 10–19, Sa 10–18 Uhr

Emailleschmuck
Frey Wille 🔖 Karte 2, E 5
Mit exklusivem Emailleschmuck hat es das Wiener Unternehmen Frey-Wille geschafft, zu einem Global Player anzuwachsen – mit über 100 Boutiquen auf vier Kontinenten. Gefertigt wird noch immer von Hand in Wien Gumpendorf (6. Bezirk), ausschließlich nach Entwürfen von Künstlern. Das sieht man dem Schmuck auch an.
Lobkowitzplatz 1, T 01 513 80 09 14, www. frey-wille.com, U1, U2, U4: Karlsplatz, Mo–Fr 10–19, Sa 10–17 Uhr

Kitsch, nein Danke!
The Viennastore 🔖 Karte 2, E4
Spezialisiert auf kitschfreie Wien-Produkte, originelle Geschenkideen und Design-Klassiker. Darunter versteht man in diesem Laden original Wiener Achtelgläser, Sachertorte to go aus der Dose, kluge Wien-Literatur und außergewöhnliche Souvenirs wie beispielsweise Riesenrad-Keksausstecher. The Viennastore ist ein ›Museumsshop ohne Museum‹, der authentische Wien-Andenken und schönes Design-to-go bietet.
Herrengasse 5 im Palais Wilczek, T 01 535 05 65, www.theviennastore.at, U3: Herrengasse, Mo–Sa 10–18.30, So 10.30–18.30 Uhr

Zum Stöbern erfunden
Die Sellerie 🔖 C5
Das Sortiment im charmanten Showroom in der Burggasse wird von zwei Grafikdesignern mit Liebe zum Detail selbst entwickelt oder mit Sorgfalt ausgewählt. Hier finden sich Fine Art Prints, Papierwaren, Wohnaccessoires und besondere Geschenkideen. Das Spektrum reicht dabei von Papierornamenten über Duftkerzen, Kissenbezüge und Ketten, Taschen und

Im Lädchen Die Sellerie ist alles irgendwie ungewöhnlich. Oder einfach nur … süß!

Täschchen, Tischlampen und Schachteln, bis hin zu Grußkarten.

Burggasse 21, T 06 99 12 10 93 04, https://diesellerie.com, U2, U3: Volkstheater, Do, Fr 15–19, Sa 11–17 Uhr

Zum Ersten, zum Zweiten …
Dorotheum 🛍 Karte 2, E 4

Wie wäre es mit einer Einkaufstour der anderen Art? Mindestens einmal wöchentlich findet im ältesten Auktionshaus Europas eine Versteigerung statt, vorwiegend Schmuck, Gemälde und Antiquitäten kommen dann unter den Hammer. Jeder kann mitbieten. Es gibt aber auch ein Ladengeschäft, wo Sie mehr Ruhe beim Einkauf haben.

Dorotheergasse 17, T 01 51 56 00, www.dorotheum.com, U1, U3: Stephansplatz, Mo–Fr 10–18, Sa 10–17 Uhr

MODE, ACCESSOIRES

Label crazy
Song 🛍 G 3

Mode-Avantgardisten nicht nur aus Wien pilgern seit Jahren zu Myung Il Saba-Song im 2. Bezirk. In ihrem coolen Concept-Store versammelt sie Kultmarken wie Walter Van Beirendonck, Dirk van Saene, Balenciaga Edition oder AF Vandevorst. Auch ausgesuchte Parfum- und Interieur-Labels sind bei Song vertreten, in der angeschlossenen

Galerie SongSong finden immer wieder Kunstausstellungen statt.

Praterstraße 11–13, T 01 532 28 58, www.song.at, U1, U4: Schwedenplatz, Di–Fr 10–19, Sa bis 18 Uhr

Die Eleganz des Schlichten
Schella Kann 🛍 Karte 2, E 4

Anita Aigner und Gudrun Windischbauer, die beiden Frauen hinter Schella Kann, zählen zu den Wegbereiterinnen der hiesigen Modeszene, sie haben ihr Label bereits in den 1980er-Jahren gegründet. Die reduzierten, hochwertigen Entwürfe versprechen Mode zwischen Eleganz und Entspanntheit, Trend und Zeitlosigkeit.

Spiegelgasse 15, T 01 997 27 55, www.schellakann.at, U1, U3: Stephansplatz, Mo–Fr 11–18, Sa 11–17 Uhr

Eingepackt
Ina Kent 🛍 C 6

Eher schlicht und avantgardistisch sind die Entwürfe der Wiener Lederdesignerin. Bei ihren Taschen stehen Funktionalität und Understatement im Vordergrund. Die Ledertaschen lassen sich je nach Anlass vergrößern oder verkleinern, die Riemen sind ebenfalls austauschbar und können nach Lust und Laune kombiniert werden. Die Bags sehen jedenfalls todschick aus.

Siebensterngasse 50, T 0699 14 77 74 77, www.inakent.com, U3: Neubaugasse, Mo–Fr 10–18, Sa 11–17 Uhr

September 2015: Gaultier zeigt untragbare Mode mit Swarovski bei Swarovski. Aber auch ohne Gaultier können Sie da mal reinschauen. Glitzert so schöööön!

Kristalldynastie
Swarovski Flagship Store
🔒 Karte 2, E 5
Als einer der größten Swarovski Stores
weltweit bietet Swarovski Wien auf
drei Ebenen das gesamte Produktsor-
timent der Tiroler Kristallmanufaktur
vom exklusiven Couture-Schmuck bis
zu modischen Accessoires. Der Shop ist
nicht zu übersehen, die Fassade flirrt vor
Tausenden winzigen Lichtern.
Kärntner Straße 24, T 05 22 45 10 80, www.
swarovski.com, U1, U3: Stephansplatz, Mo–Fr
9–21, Sa 9–18 Uhr

Form follows function
Jutta Pregenzer 🔒 E 6
Modetrends unterwirft sich Jutta Pregenzer laut eigener Aussage nicht, sie
macht Mode in puristischer Strenge und
nach dem Prinzip der Funktionalität.
Auch im Geschäft regiert die klare Linie.
Neben den selbst entworfenen Kollektionen sind auch Stücke internationaler
Modelabels zu finden.
Schleifmühlgasse 4, T 01 586 57 58, www.
pregenzer.com, U1, U2, U4: Karlsplatz, Mo–Fr
10–18.30, Sa 10–17 Uhr

Die neue Weiblichkeit
Elfenkleid 🔒 D 7
Seit 2001 kreieren Sandra Thaler und
Annette Prechtl zauberhafte Mode.
Einen treffenderen Namen als Elfenkleid
hätten sie für ihr Label kaum finden
können. Weiche, fließende Kleider in
hellen Naturfarben, hauchzart und
feminin sind ihre Markenzeichen,
schlichte Linien und dezente Farben
charakteristisch für die Kollektionen des
Designerinnen-Duos. Abgerundet wird
ihr Portfolio durch unkonventionelle
Abend- und Hochzeitsroben.
Margaretenstaße 39, T 01 208 52 41, www.
elfenkleid.com, U4: Kettenbrückengasse, Di–Sa
11–18 Uhr

Men only
strictly Herrmann 🔒 Karte 2, F 3
Fashion, schicke Accessoires von
Brillen über Taschen bis zu Düften
und Kosmetik – und dazu einzigartige
Uhren, neueste Technik-Gadgets sowie

hervorragenden Gin. Eine Art Q's Labor
für den modernen Mann quasi. Wie wärs
etwa mit Raketen-Manschettenköpfen
oder einem Multifunktionstool für die
Jackeninnentasche? Der kreative Kopf
hinter dem Label ist Philipp Bruni, der
in diesem Laden sowohl fürs Design
als auch für die Auswahl der Produkte
verantwortlich zeichnet.
Taborstraße 5, T 01 997 27 57, www.strictly
herrmann.com, U1, 3, 4: Schwedenplatz, Mo–Fr
11–19, Sa 10–18 Uhr

Schöne Visionen
Eigensinnig 🔒 C 5
Die Betreiber des Concept-Stores
Toni Tramezzini und Stefanie Hofer
betrachten Mode als tragbare Kunst für
Kreative, Querdenker und Visionäre. In
den schönen historischen Gewölben des
Shops finden die Kollektionen von De-
signern wie Hannibal, Daniel Andresen
oder Neandertal eine beeindruckende
Präsentationsfläche. Der Fokus der
vertretenen Labels liegt auf individueller
Handwerkskunst.
St.-Ulrichs-Platz 4, T 01 890 66 37, www.eigen
sinnig.at, Mo–Fr 11–19, Sa 10–18 Uhr

N
NOCH WAS

Die **Shops der großen Museen**
sind erstaunlich gut bestückt mit
Ausgefallenem und Verspieltem,
hübschen Geschenken, die wirklich
Freude machen und natürlich auch
netten Souvenirs für einen selbst.
Von Reproduktionen ausgestellter
Bilder und Objekte über Kunstpost-
karten, Poster, Kataloge, Bücher
und DVDs bis hin zu Spielen und
Schmuck – Kunstgenuss zum
Mitnehmen. Besonders herauszu-
streichen ist an dieser Stelle die
Galerie der Komischen Künste im
Museumsquartier (www.komische
kuenste.com), die sich der Karikatur
bzw. dem Cartoon widmet – sie ist
Galerie und Shop zugleich.

ZUM SELBST ENTDECKEN

Musik am Wasser Zwischen April und Oktober zieht es die Wiener auch ans Wasser, etwa an den Donaukanal (▶ S. 53) oder an die Neue Donau, wo richtiges Beachpartyfeeling aufkommt (Sunken City auf der Insel, Copa Beach am Festland gegenüber, U1: Donauinsel). Andere gute Optionen für warme Abende sind das Sand in the City beim Stadtpark (▶ S. 56) sowie der Innenhof des Museumsquartiers (www.mqw.at, U2: Museumsquartier), wo man chillt, Boule spielt oder am Wochenende zu DJ-Sounds tanzt.

Musik aus allen Richtungen

Wien ist die Stadt der Musik, nicht nur der klassischen: Die junge Musikszene boomt auf Weltniveau! Elektronische Beats und Indie-Rock, Minimal Music und House – heimische und internationale Musiker und DJs locken die Jugend in die Clubs. Wer aus dem Alter raus ist, wird mit Weltmusik und Jazz ebenso gut bedient wie alle, die Pop, Oldies, Musical oder Operette bevorzugen.

Auch die klassische Musik hat viele Facetten: Oper, Sinfonie- und Klavierkonzerte, alte Musik, Kirchen- und Kammermusik machen Abend für Abend die Auswahl schwer. Als ob das nicht genug wäre, reihen sich Musikfestivals – vom Donauinselfest bis zum Jazzfest – nahtlos aneinander oder überschneiden sich gar.

Besonders gerne vergnügt sich das hip-urbane Publikum am nächtlichen Naschmarkt, wo man sich zu einem exotischen Snack trifft, und im angrenzenden Freihausviertel mit schrägen Lokalen und ungezwungenen Bars. Studentischer und im Schnitt jünger sind die Szenegänger am Spittelberg. Party die ganze Nacht lang ist das Motto am Gürtel in den Stadtbahnbögen (U6: Thaliastraße bis Nußdorfer Straße).

Heurige (Weinstuben) und Cafés runden das Spektrum ab, zumindest bis Mitternacht trifft man hier auf die ganze städtische Bandbreite vom Teenager bis zur Pensionistenrunde.

Leger statt elitär– das Sommernachtskonzert Schönbrunn ist in atmosphärischer Hinsicht unschlagbar

······································
BARS & KNEIPEN
······································

Vom Rotlicht ins Schwarze
Puff – die Bar ☼ D 6
Die stylische Cocktailbar namens Puff war tatsächlich mal ein Bordell. Hinter verschlossenen Spiegeltüren hat man die Zimmer als Erinnerung belassen, der Hauptraum wurde vom Wiener Design-Duo Walking Chair mit witzigen Ideen komplett umgekrempelt: Jegliches natürliche Licht wurde aus der Bar entfernt, alles in schwarz ausgemalt und mit 99 leuchtenden Barhockern an der Decke eine Lichtinstallation inszeniert.
Girardigasse 10, T 0677 61 98 83 99, www.puff-bar.at, U2: Museumsquartier, Di–Sa 19–3 Uhr

Trashig
Tanzcafé Jenseits ☼ C 6
Getanzt wird eher selten in der kleinen Bar – die ist nämlich meistens viel zu voll. Aber jenseitig es ist hier schon: Zum einen spielen die DJs ziemlich trashige Musik mit einer Mischung aus Funk, Soul, Schlager und Pop, zum anderen versprüht das Interieur aus roten Samttapeten, goldenen Spiegeln, roten Plüschsofas, Separées und gedämpftem Licht eine ziemlich verruchte Atmosphäre. Das Jenseits war in einem früheren Leben eine Animierbar.
Nelkengasse 3, T 01 587 12 33, www.tanzcafe-jenseits.com, U3: Neubaugasse, Di–Sa 20–4 Uhr

Cocktails, rücksichtslos
Halbestadt ☼ C 1
Klein, fein und urban. Das Halbestadt liegt in einem der von Otto Wagner gebauten Stadtbahnbögen und hat damit das Ambiente eines Kellergewölbes – aber mit freiem Blick durch die großen Glasfassaden nach draußen; sogar in zwei Richtungen! Hier werden klassische Cocktails in Perfektion zubereitet, ein beachtliches Sortiment an Spirituosen (insbesondere Whiskey) erwartet die Gäste. Im Sommer ist der Gastgarten bis lang nach Mitternacht geöffnet – am Grünstreifen zwischen den Fahrbahnen

des Gürtels gibt es keine Anrainer, auf die man Rücksicht nehmen muss.
Währinger Gürtel 144/Bogen 155, T 06 99 17 09 82 17, www.halbestadt.at, U6: Währinger Gürtel, Di–Sa ab 19 Uhr

Luftige Terrasse
Dachboden im 25hours Hotel ☼ C 4
Mit wunderbarer Aussicht über den Ring und seine Palais (bei guter Sicht sogar bis zu den Weingärten jenseits der Donau) ist der Dachboden nachmittags ruhiger Arbeitsplatz oder gemütliche Lounge, abends Afterwork-Hotspot. An manchen Abenden legen auch DJs auf. Tipp: Jeden Mittwoch ab 20 Uhr spielt DJ King D seine Vinyl-Klassiker – Musik von Lindy Hop bis Jive und Rockabilly. Wie das ganze Hotel ist auch die Bar dem Thema Zirkus gewidmet, wobei auch der Name Dachboden szenisch umgesetzt wurde.
Lerchenfelderstraße 1–3, T 01 52 15 10, www.dachbodenwien.at, U2, U3: Volkstheater, tgl. 15–1 Uhr

Aus- und Einblicke
Sky Bar ☼ Karte 2, E 4
Das Warenhaus Steffl ist das Symbol für den Wiederaufbau des zerbombten Wien. Auf seinem Dach ist die Sky Bar untergebracht, die neben einem tollen Ausblick perfektes American-Bar-Feeling bietet. 350 verschiedene Cocktails, 230 Straight Bar Drinks, darunter 80 Whiskysorten. Lounge Musik, Bar-Jazz und Evergreens sorgen für die passende akustische Untermalung. Untertags ist hier ein nettes Café.
Kärntner Str. 19 (Warenhaus Steffl), T 01 513 17 12, www.skybar.at, U1, U3: Stephansplatz, Mo–Fr 10–2, Sa ab 9,30, So, Fei ab 11 Uhr, Mo–Sa Livemusik ab 21.30 Uhr

Bibliothek ohne Bücher
Unger und Klein ☼ E 3
Gehobene Weinkultur wird hier seit über 20 Jahren gepflegt – die erste Vinothek Wiens ist heute zwar nur mehr eine unter vielen, aber dennoch die allererste Adresse für Wein-Aficionados geblieben. Die Auswahl an edlen Tropfen, darunter

Wenn die Nacht beginnt

auch legendäre Hausmarken, ist grandios, das Ambiente unschlagbar: ein langes, elegant geschwungenes Weinregal dominiert das Lokal, dem das Architektenteam den bezeichnenden Namen ›Wine Library‹ gegeben hat.

Gölsdorfgasse 2, T 01 532 13 23, www.unger undklein.at, U1, U4: Schwedenplatz, Di–Fr 16–24, Sa 17–24 Uhr

Tausendsassa
Wirr ☼ B 5

Restaurant mit Barflair und darunter liegendem, legendären Club für elektronische Musik. Hier können Sie schon zum Frühstück einfallen, eine Mittagspause machen, nachmittags eine Runde Tischfußball spielen, abends einen Sundowner genießen oder nachts die Tanzfläche unsicher machen. Auch künstlerisch hat das Wirr einiges zu bieten – regelmäßig werden spannende Musiker unterschiedlichster Techniken und Stilrichtungen präsentiert. Der Dancefloor im Untergeschoss wird mit einer grandiosen Sound-Anlage beschallt, großer Wert wird auch auf Visuals und Beleuchtung gelegt.

Burggasse 70, T 01 929 40 50, www.wirr.at, U2, U3: Volkstheater, So–Mi 8–2, Do–Sa bis 4 Uhr

. . . .
LIVEMUSIK
. . . .

Rebellischer Klassiker
Arena ☼ Karte 3, C 3

Die Arena ist Österreichs größtes alternatives Kultur- und Kommunikationszentrum. Punk-Bands, angesagte Pop-Gruppen, Musiklegenden und Drum'n'Bass-DJs geben sich hier die Klinke in die Hand – gespielt wird auf der Bühne der großen Halle oder im Sommer im Innenhof open air. Graffitis zieren die alten Ziegelwände des ehemaligen Schlachthofs, der 1976 von Aktivisten besetzt wurde, um das Areal zu retten und als Ort der Jugend-, Alternativ- und Gegenkultur zu nutzen. Das Projekt war erfolgreich, wie man heute selbst sehen kann.

Baumgasse 80, T 01 798 85 95, www.arena. co.at, U3: Erdberg, Spieltage und Eintritt lt. Programm

Pionier
Chelsea ☼ A 4

Der Wirt des Chelsea kam bei der verzweifelten Suche nach einer Location ohne lärmempfindliche Anrainer auf

Viele berühmte Bands haben auf dem Weg nach oben im Chelsea gespielt – manche auch auf dem Weg nach unten.

die grandiose Idee, seinen Musikclub in die Stadtbahnbögen zu verlegen. Das war 1995, und zunächst traten hier nur heimische Underground-Bands auf. Heute boomt der Bereich zwischen Thaliastraße und Nußdorfer Straße als wichtigster Szenetreff in Sachen junger Musik. Im Chelsea selbst gibt's Britpop, Indie, Punk und artverwandte Klänge, Fußballübertragungen sowie eine große Auswahl an Bieren.

Lerchenfelder Gürtel Bogen 29–30, T 01 407 93 09, www.chelsea.co.at, U6: Thaliastraße, tgl. 18–4 Uhr, Livekonzerte laut Programm

Arbeiterklasse
WUK ☼ C 1

Das Werkstätten- und Kulturhaus, kurz WUK, ist ein Treffpunkt der linken Szene. Neben Livekonzerten in einem breiten musikalischen Spektrum – Reggae/Dancehall, World, Drum'n'Bass, House oder Electro – gibt's hier regelmäßige DJ-Acts, Performance- und Tanzevents. The White Stripes waren in dem auffallenden Backsteinbau einer ehemaligen Lokomotivfabrik ebenso bereits zu Gast wie Adam Green oder The Cardigans.

Währinger Straße 59, T 01 40 12 10, www.wuk. at, U6: Währinger Straße, Öffnungszeiten und Preise laut Programm

Jazz in allen Varianten
Jazzland ☼ Karte 2, F 3

Wiens ältester Jazzkeller – seit 1972 kann man hier alle Stilrichtungen des Jazz hautnah miterleben. Neben fast allen prominenten heimischen Musikern und zahllosen Jazzern aus Europa traten auch schon weit über 300 US-Stars im Keller unter der Ruprechtskirche auf – Blueslegenden, klassische Jazzmusiker, Swing-Interpreten, Modern-Jazzer, Avantgardemusiker.

Franz-Josefs-Kai 29, T 01 533 25 75, www. jazzland.at, U1, U4: Schwedenplatz, Mo–Sa ab 19, Livemusik ab 21 Uhr, 11–20 €

Auf zwei Ebenen
B72 ☼ B 3

Die Besonderheit des B72, das als Mit-Pionier der Musikszene am Gürtel zählt: Es ist zweistöckig. Im unteren

ÜBRIGENS

Die **Wiener Stadthalle** ist die größte Veranstaltungslocation Österreichs, ihre Halle D die größte Halle des Landes. Hier finden publikumsträchtige Veranstaltungen statt, vom Sportevent (Tennis, Springreiten), über Shows für die ganze Familie (Holiday on Ice, Martin Rütter, Harlem Globetrotters, Chinesischer Nationalzirkus) bis hin zu Konzerten (Mariah Carey, Elton John, Liza Minelli) und 2015 ging hier der Eurovision Song Contest über die Bühne (www.stadthalle.com).

Teil finden sich zwei Bars, eine Bühne und eine Tanzfläche. Auf dem Balkon oben ist eine Chill-Out-Area mit Tischen, Stühlen und Sofas eingerichtet – mit guter Sicht auf die Bühne. Im Sommer entspannt man auch gerne im Gastgarten. Geboten wird ein Querschnitt der alternativen Musikszene mit Live-Auftritten heimischer und internationaler Bands. Angenehme Atmosphäre zwischen Club und Konzert-Location.

Hernalser Gürtel, Bogen 72–73, T 01 409 21 28, www.b72.at, U6: Alser Straße, Di, Mi 20–2, So–Do bis 4, Fr, Sa bis 6 Uhr

STADTTYPISCHES

Wiens größte Kleinkunstbühne
Stadtsaal ☼ C 6

Im ehemaligen Ballsaal geben sich sämtliche Größen des geschliffenen Wortes ein Stelldichein. Kabarettstars und -newcomer aus Österreich stehen fest auf dem Spielplan, daneben betreten hin und wieder auch Comedians aus Deutschland die Bühne. Ab und zu geigt Roland Neuwirth mit seinen Extremschrammeln zum Neuen Wienerlied auf und wenn die Science Busters vor den Vorhang treten, wird die Welt der Physik zur anregenden Lachnummer.

KINO

Im Sommer gibt es verschiedene **Open-Air-Kinos** wie das **Musik Film Festival** am Rathausplatz mit viel Kulinarik rundherum (► S. 39, S. 111), das **Kino Wie Noch Nie** im Augarten (► S. 59), das **Kino unter Sternen** am Karlsplatz (kinountersternen. at) oder das **Kino am Dach** der Hauptbücherei (www.kinoamdach. at). Von den insgesamt 10 **Art-house-Kinos** in Wien, die sich Filmen jenseits des Mainstreams widmen und auch anderen Kunstformen gegenüber geöffnet sind, liegen einige zentrumsnah, so etwa das **Topkino** (www.topkino.at), das **Admiral Kino** (www.admiralkino. at) oder das **Schikaneder** (www. schikaneder.at).

Mariahilfer Straße 81, T 01 909 22 44, www.stadtsaal.com, U3: Neubaugasse, tgl. ca. 20 Uhr, Juli–Aug. Sommerpause, ab 18,50 €

Sachen zum Lachen
Kabarett Niedermair ☼ C 4
Tiefgründiger Schmäh, feine Ironie, pointierte Melancholie – das Kabarett rührt den Wiener an der Seele. Eine Institution ist das Kabarett Niedermair, das für die neue Generation an Kabarettisten steht, die in Österreich Kultstatus genießen.
Lenaugasse 1a, T 01 408 44 92, www.niedermair. at, U2: Rathaus, tgl. ca. 19/19.30 Uhr, Juli/Aug. Sommerpause, ab 17 €

Original Stegreif
Tschauner ☼ Karte 3, B 2
Seit über 100 Jahren werden auf der Original Wiener Stegreifbühne Stücke aufgeführt, in denen die Schauspieler im Rahmen einer nur grob vorgegebenen Handlung improvisieren und damit das Publikum zum Lachen bringen. Hier geben auch Musiker mit Hang zum Wienerlied und/oder Schlager sowie Kabarettisten Gastspiele. Open-Air-Bühne mit Schiebedach, gespielt wird

bei jedem Wetter, im Bedarfsfall werden Decken verliehen.
Maroltingergasse 43, T 01 914 54 14, www. tschauner.at, U6: Kendlerstraße, Mitte Juni–Sept. tgl. 19.30, manchmal Sonntagsmatineen um 10.30 Uhr, ab 12 €

Pawlatschen
Theater am Spittelberg ☼ C 5
Das historische Pawlatschen-Theater (überdachtes Freilufttheater) am schicken Spittelberg ist modern renoviert. Das Programm umfasst vielfältige Produktionen von Kleinkunst bis Weltmusik, von Erwachsenen-Theater bis Kinder-Comedy – und fast immer ist der Bezug zu Wien ganz stark, oft in spannenden Cross-Over-Auftritten. Gemäß dem Anspruch des Hauses, hier einen Querschnitt durch alle Kulturen der Stadt zu bieten.
Spittelberggasse 10, T 01 526 13 85, www. theateramspittelberg.at, U2, U3: Volkstheater, Mai–Dez., Zeiten und Preise lt. Programm

TANZEN

Legendäre Disco
U4 ☼ Karte 3, B 3
Kaum eine Diskothek im Land hat so viele bekannte Gesichter gesehen: Prince, Sade, Grace Jones, Nirvana oder Johnny Depp schauten als mal vorbei, für Falco und die Wiener Szene war es das Wohnzimmer. Das U4 ist Kult, mittlerweile für die vierte Generation von Partygästen – an den Wochenenden lange Warteschlangen vor dem Eingang. Wer reinkommt und wer nicht, bestimmt seit jeher der legendäre Türsteher Conny de Beauclair.
Schönbrunner Str. 222, T 0664 948 15 12, www. u4.at, U4: Meidlinger Hauptstraße, Öffnungszeiten und Eintritt laut Programm

Club im Garten
Volksgarten Clubdisco
☼ Karte 2, D 4
Der Volksgarten – also jene Disco mitten in besagtem Garten – war immer schon in – genau gesagt, bereits seit mehr als 180 Jahren. Heute bietet das weitläufige Etablissement um den archi-

Der Name ist Programm – im Flex geben sich internationale Acts unterschiedlichster Musikrichtungen das Mikrofon in die Hand.

tektonisch ansprechenden Glaspavillon sowohl Freiluft- als auch Indoor-Nächte mit internationalen Größen der Partykultur. Der Wintergarten überzeugt durch besonderes Flair: mit Originalmöbeln aus den 1950er-Jahren und Palmenbeet. Musikalisch dreht sich alles um House, Disco und Party-Hits.

Burgring 1, T 01 532 42 41, www.volksgarten.at, U2, U3: Volkstheater, Öffnungszeiten und Preise laut Programm

Milonga
Tango Argentino ✪ E 6

Vor den schönsten Kulissen der Stadt tanzt man in den Sommermonaten Open-Air-Tango – immer populärer wird diese Art von Tanzveranstaltung, die man (wie im Mutterland) Milonga nennt. Mittwochs trifft man sich passend gestylt an der Alten Donau, samstags im Burggarten und sonntags vor der Karlskirche. Un, dos, tres, …

Karlsplatz (direkt vor der Kirche), www.tango-vienna.com (Tangokalender mit allen Milongas und sonstigen Tangoveranstaltungen der Stadt), U1, U2, U4: Karlsplatz, Mai–Juni So 18–22, Juli–Sept. So 19–22 Uhr, nur bei schönem Wetter

Es gibt was auf die Ohren
Flex ✪ E 2

Dinosaurier unter den Wiener Clubs, seit 1995 in diesem stillgelegten U-Bahn-Schacht am Donaukanal angesiedelt und

Garant für den besten Sound der Stadt. Was mit einer Ausrichtung auf Rock begann, bringt heutzutage die volle Pracht vieler Szenen ins Haus. Täglich wechselnde Clubs, Konzerte von Newcomern und erfolgreichen internationalen Acts verschiedenster Musikrichtungen.

Donaukanal/Augartenbrücke, T 01 533 75 25, www.flex.at, U2, U4: Schottenring, Öffnungszeiten und Preise laut Programm

---

MUSIK & THEATER KLASSISCH

Tickets für die großen Bühnen (Staatsoper, Burgtheater, Volksoper, Volkstheater, Theater an der Wien, Raimund Theater, Ronacher) sowie für die kleineren Etablissements von Format (Kammeroper, Musikverein, Konzerthaus, Akademietheater, Theater in der Josefstadt, Kammerspiele, Schauspielhaus, Rabenhof) können entweder jeweils direkt beim Veranstalter bestellt oder über ein Kartenbüro erworben werden. Unter www.viennaclassic.com findet man schön übersichtlich geordnet die wichtigsten Spielpläne. Auch touristische Veranstaltungshighlights wie die Spanische Hofreitschule oder die Schönbrunner Konzerte sind hier buchbar.

Hin & weg

ANKUNFT

... mit dem Flugzeug
Der Flughafen Wien-Schwechat liegt nicht weit außerhalb der Stadt und ist schnell und unkompliziert erreichbar.
Bahn: Die billigste Möglichkeit in die Stadt zu kommen, ist die S-Bahnlinie 7 nach Wien-Mitte (von dort U-Bahn-Anbindung). Abfahrt alle 30 Min., Fahrtzeit 25 Min., Ticket 4,20/2,10 €.
CAT: Mit 16 Min. Fahrzeit nur marginal schneller ist der City Airport Train, der auf der gleichen Bahntrasse nonstop ebenfalls nach Wien-Mitte verkehrt (alle 30 Min., einfache Fahrt 11 €, Kinder bis 14 Jahre kostenlos, www.cityairporttrain.com). Er hat vor allem beim Rückflug Vorteile – rund 20 Fluglinien bieten Check-In und Gepäckaufgabe bereits hier in Wien-Mitte.
Bus: Die Vienna Airport Lines bedienen mehrere Strecken. Ins Zentrum nehmen Sie am besten den Bus zum Schwedenplatz. Laut Fahrplan dauert die Fahrt 20 Min., rechnen Sie aber zu Stoßzeiten mit Verzögerungen. Abfahrt alle 30 Min., einfache Fahrt 8/4 €. Auch der Westbahnhof wird von diesen Bussen mit Stopp am Hauptbahnhof angefahren (40 Min.).
Taxi: Die – bei normalem Verkehr – rund 20-minütige Taxifahrt ins Zentrum kostet bei Vorbestellung (Tel. 313 00, 401 00 oder 601 60) 36 €, wird nach Taxameter berechnet ca. 40–50 €.
... mit der Bahn
Nachtzüge verkehren zwischen Wien und Hamburg, Köln, Düsseldorf, Berlin sowie Zürich. Darüber hinaus gibt es zahlreiche Tagesverbindungen, die vor allem für Reisende aus Bayern aufgrund der kurzen Reisezeit eine Überlegung wert sind (München–Wien 4 Std.). Der Wiener Hauptbahnhof ist direkt ans U-Bahn-Netz angeschlossen.
... mit dem Fernbus
Die meisten internationalen Fernbusse fahren das VIB, das Vienna Busterminal,

in Erdberg an, wo ebenfalls eine direkte Anbindung ans U-Bahn-Netz besteht.
... mit dem Auto
Es empfiehlt sich, für einen reinen Wien-Trip das Auto daheimzulassen. Parkplätze sind in der City Mangelware und zudem teuer. Wenn es sich nicht vermeiden lässt: nach Möglichkeit ein Hotel mit Parkgarage buchen!

INFORMATIONEN

Flughafen Wien (Ankunftshalle): tgl. 7–22 Uhr
Hauptbahnhof (InfoPoint): tgl. 9–19 Uhr
City: Albertinaplatz/Maysedergasse (hinter der Staatsoper), tgl. 9–19 Uhr
Hotelbuchungen: T +43 1 245 55, Mo–Fr 9–17 Uhr

WIEN IM NETZ

www.wien.info: Offizielle Seite von Wien Tourismus, erstklassig aufbereitet, sehr umfangreich und stets aktuell. Sie können hier auch Prospekte als PDFs herunterladen, Hotels buchen und auf Stadtplänen nach Adressen suchen.
www.wien.gv.at: Das offizielle Webportal der Stadt. Hier finden Sie so ziemlich alles, was für die Bürger der Stadt von Belang ist. Sehr detailliert und auch für Besucher interessant sind die Bezirksinfos mit ausführlichen historischen Hintergründen sowie die Freizeittipps.

WAS IST LOS IN WIEN

www.falter.at: Die links ausgerichtete Wiener Stadtzeitung heißt ›Falter‹ – sie bietet das ausführlichste Eventprogramm der Stadt: Kino, Bühnen, Konzerte, Lesungen, Vorträge, Führungen, Ausstellungen und Kinderevents tagesaktuell im Netz. Die Printausgabe mit der Wochenvorschau erscheint jeden Mittwoch. Hier finden Sie auch Artikel, die die Stadt und Österreich bewegen.

DIE BESTEN FESTE

Akkordeonfestival: März, www.akkordeonfestival.at. Fans der Quetschn, wie man in Wien zum Akkordeon sagt, dürfen sich auf Traditionspflege und experimentelle Klänge freuen.

Sommernachtskonzert der Wiener Philharmoniker: Mai, www.sommernachtskonzert.at. Bei freiem Eintritt spielt das berühmte Orchester im Schlosspark von Schönbrunn. Bis zu 100 000 Menschen besuchen dieses Klassik-Open-Air.

Wiener Festwochen: Mai–Juni, www.festwochen.at. Neuinszenierungen geschätzter Opern-, Theater- und Konzertklassiker. Spektakuläre Open-Air-Eröffnung bei freiem Eintritt am Rathausplatz.

Regenbogenparade: Juni, www.regenbogenparade.at. In den ersten beiden Juniwochen gibt es unter dem Titel ›Viennapride‹ allerhand schrille Partys der LGBT-Community – der Höhepunkt ist die Regenbogenparade am Ring.

Donauinselfest: Ende Juni, www.donauinselfest.at. Das größte Freiluftevent Europas findet an drei Tagen auf der Donauinsel statt: auf mehreren Bühnen Livekonzerte aus allen Genres der Popmusik, Alternativ- und Volksmusik. Der Eintritt ist gratis.

Jazzfest Wien: Juni/Juli, www.viennajazz.org. International renommiertes Jazzfestival. Konzerte der unterschiedlichsten Stilrichtungen, u. a. in der Staatsoper, im Alten Rathaus oder – bei freiem Eintritt – auf der Summerstage.

Musik Film Festival: Juli–Aug., www.filmfestival-rathausplatz.at. Großes Open-Air-Kino am Rathausplatz mit Filmen aus der Welt der Oper, des Balletts, der Weltmusik und des Jazz.

Impuls Tanz: Juli/Aug., www.impulstanz.com. International renommiertes Festival für zeitgenössischen Tanz und Performance.

KlezMore Festival: November, www.klezmore-vienna.at. Jüdische Klezmer-Musik gespielt von Ensembles aus aller Welt in Wiener Kirchen, Theatern und Clubs.

Adventmärkte: Dezember. Größter Adventmarkt Wiens am Rathausplatz; sehr schön, aber überlaufen in Schönbrunn und am Spittelberg, etwas geruhsamer am Karlsplatz.

Silvester: Zum Jahreswechsel zieht sich der Silvesterpfad durch die Altstadt: Es wird Punsch ausgeschenkt, wärmende Kost gereicht, auf zahlreichen Bühnen finden Shows statt. Um Mitternacht gibt es ein tolles Feuerwerk.

Keine Pause für die Ohren – glücklicherweise ist es mitreißende Musik, die bei den Festwochen gespielt wird.

REISEN MIT HANDICAP

https://www.wien.info/de/reiseinfos/wien-barrierefrei

SICHERHEIT UND NOTFÄLLE

Euro-Notruf: 112, **Feuerwehr:** 122, **Polizei:** 133, **Rettung:** 144
Frauennotruf: 01 717 19
Bank-, Kredit-, SIM-Karten-Sperrung für deutsche Karten: +49 116 116
Diplomatische Vertretungen: Botschaft der Bundesrepublik Deutschland: Gauermanngasse 2–4, T 01 71 15 40, www.wien.diplo.de
Schweizerische Botschaft: Prinz-Eugen-Straße 9a, T 01 795 05, www.eda.admin.ch/wien

UMWELTFREUNDLICH UNTERWEGS IN WIEN

Wiener Linien

Am schnellsten kommen Sie in Wien mit der **U-Bahn** voran. Es gibt fünf Linien (U1 bis U4, U6), die die Peripherie mit dem Zentrum verbinden. Alle verkehren von ca. 5 Uhr morgens bis knapp nach Mitternacht sowie freitag- und samstagnachts und den Nächten vor Feiertagen im 15-Minuten-Takt durchgehend. Ergänzt wird das nächtliche Angebot durch die Busse der **Nightline**. Tagsüber verdichten zahlreiche Straßenbahn- und Buslinien das Netz an öffentlichen Verkehrsmitteln. Eine detaillierte Übersicht finden Sie online unter www.wienerlinien.at.
Preise: Die einfache Fahrt kostet 2,40/1,20 €, Zeitkarten gibt es für die unterschiedlichsten Bedürfnisse: 24-Stunden-Ticket (8 €), 48-Stunden-Ticket (14,10 €), 72-Stunden-Ticket (17,10 €). Kinder bis zu 6 Jahren fahren immer, Kinder bis zu 15 Jahren an Sonn- und Feiertagen sowie während der Wiener Schulferien gratis, ansonsten gilt für sie der um 50 % reduzierte Preis (Einzelkarte).
Ticketverkauf: Die Tickets erhalten Sie an allen Fahrkartenautomaten, an den Schaltern in diversen U-Bahn-Stationen sowie in Tabak-Trafiken.

ÖBB

Innerhalb Wiens verkehren auch noch Züge der Österreichischen Bundesbahnen: Sie fahren aus der Stadt in die ländlichen Regionen, verbinden aber in der City auch periphere Gebiete. Von touristischem Interesse ist die S 45, die Vorortlinie, die auf der von Otto Wagner entworfenen Trasse von Hütteldorf nach Heiligenstadt führt. Sämtliche ÖBB-Züge können in der Stadt mit dem Ticket der Wiener Linien benutzt werden. Infos: www.oebb.at.

Taxi

Die Grundgebühr beträgt 3,80 €, bis 4 km kostet jeder Kilometer 1,42 €. Die Strecke vom Praterstern zum Naschmarkt kostet ca. 15 €, der Nachttarif ist etwas teurer. An Taxistandplätzen mangelt es nicht, wenn Sie keinen finden, wählen Sie T 01 601 60, T 01 401 00 oder T 01 313 00.

Fahrrad

Sogenannte **Citybikes** können an öffentlichen Bikestationen innerhalb Wiens entliehen und an jeder beliebigen Station zurückgegeben werden. Es gibt 121 Stationen, die verkehrsgünstig, meist in der Nähe von U-Bahnstationen, liegen. Wie viele Räder an welcher Station verfügbar sind und ob es freie Rückgabeplätze gibt, kann online abgefragt werden (www.citybikewien.at, mobil: cbw.at). Die Leihgebühr beträgt 0 € für die erste, 1 € für die zweite, 2 € für die dritte und danach jeweils 4 € pro angefangener Stunde. Wenn Sie das Rad zurückgeben, können Sie 15 Min. später das nächste entleihen und die Rechnung beginnt von vorne. Um diesen Service nutzen zu können, ist eine Registrierung (1 €) per Kreditkarte notwendig, entweder vorab im Netz unter www.citybikewien.at oder direkt am Terminal. Pro Kreditkarte kann immer nur ein Rad entliehen werden.
Radverleih mit Hotelzustellung bietet auch Pedal Power ab 24 Std. Miete (www.pedalpower.at, 24 Std. 30 €, Hotelzustellung und -abholung 16 €).

ERMÄSSIGUNGSKARTEN

In Summe erhalten Sie mit der **Vienna City Card** (www.viennacitycard.at) bei über 210 Partnern Ermäßigungen: zwischen 5 % und 50 % in allen großen, aber auch vielen kleineren Museen, auf Vorstellungen in Theatern und Konzertsälen und auf diverse Attraktionen wie UNO-City oder Donau-Schifffahrt. Die Karte gibt es für 24/48/72 Std. für 17/25/29 € (pro Card 1 Kind bis 15 Jahre gratis), eingeschlossen ist eine Netzkarte für die Wiener Linien. Verkaufsstellen: Touristen-Informationsstellen, Ticketschalter der Wiener Linien. Wer viele hochkarätige Sights besuchen möchte, der überlegt sich den **Vienna Pass** (www.viennapass.de) als

Alternative. Dieser gewährt an mehr als 60 Sehenswürdigkeiten (darunter Schloss Schönbrunn oder die Albertina) gratis Eintritt und kostet als 1/2/3/6-Tagespass 70/95/125/155 € (Kinder von 6–19 Jahren bezahlen die Hälfte). Am besten vorab online bestellen.

STADTRUNDFAHRTEN

Vor der Staatsoper stehen die Busse von Anbietern wie **Vienna Sightseeing Tours** (www.viennasightseeing.at) oder **Bigbus Tours** (www.bigbustours.com), die die wichtigsten Sehenswürdigkeiten bis jenseits des Donaukanals ansteuern. Alle 6–15 Min., Tageskarte Hop on/Hop off ab ca. 28/19 €.

Auf eine **Fiakerfahrt** könnten Sie den Pferden zuliebe auch verzichten! Soll es außergewöhnlich sein, bucht man besser entweder eine Sightseeingfahrt mit der **Elektrorikscha** (65 € für 1 Std. für 2 Personen, vorgefertigte oder individuell zusammengestellte Touren, www.faxi.at) oder nimmt eine motorisierte **Seifenkiste** (Touren tgl. 10–18 Uhr im 2-Stunden-Rhythmus, gültiger Führerschein ist Voraussetzung, Treffpunkt Judenplatz 4, 2 Std. 99 €, www.hotrod-tour-wien.com).

Mit dem Schiff können Sie eine entspannte **Donaukanalrundfahrt** unternehmen (▶ S. 55).

STADTFÜHRUNGEN

Wiener Spaziergänge

Unter diesem Namen bieten **geprüfte Fremdenführer** eine Reihe an Themenspaziergängen, z. B. »Verschlungene Pfade in der Altstadt«, »Fress-, Sauf- und Luderhäuser«, »Jüdisches Wien in der Leopoldstadt« oder »Zwischen Klischee und Wirklichkeit«. Die Führungen finden bei jedem Wetter statt, dauern 1,5–2 Std. und kosten 17/8 €. Eine Anmeldung ist nicht notwendig, mindestens 3 Personen. Übersicht und Infos (mit Angabe der Treffpunkte): www.wienguide.at.

Thementouren

Für kulinarische Entdeckungen in diversen Grätzeln vom Geheimtipp bis zum Haubenrestaurant nimmt man Sie bei **Gänseblümchen** an die Hand (www.gaensebluemchen.at). Um 17 Uhr geht's mit einem Aperitif los. Vier Stunden später ist man pappsatt, dafür um 74 € leichter.

Fototouren

Ausgestattet mit einer (geliehenen) Polaroidkamera geht's zum Fotoshooting – die Polaroid-Foto-Guides von **Instant Tours** (instant.tours) helfen kompetent.

Lauftouren

Sie können Wien aber auch sportlich kennenlernen: Lauftouren zu den schönsten Sehenswürdigkeiten stehen bei **runandsee** auf dem Plan. Es gibt zehn verschiedene Routen, z. B. einmal um den Ring oder vom Naschmarkt zum Belvedere. Sie werden vom Guide im Hotel abgeholt bzw. vereinbaren einen Treffpunkt, Kostenpunkt pro Person und Stunde ab 35 €. Das Lauftempo wird der Kondition angepasst, allerdings muss dem Guide noch Luft für seine Anekdoten bleiben (www.ruthriehle.at/runandsee). Das Team von **Vienna SightRunning** begleitet Sie ebenfalls laufend durch die Altstadt oder vom Wienfluss zur Donauinsel (80 € für 2 Teilnehmer, www.vienna-sightrunning.at).

Blick hinter die Fassade

Die außergewöhnliche **Vienna Ugly Tour** des gebürtigen Briten Eugene Quinn führt mit viel Augenzwinkern vorbei an 19 Architektursünden Wiens (englisch, spaceandplace.at/vienna-ugly). Bei den mehrfach ausgezeichneten **Shades Tours** zeigen Obdachlose die Schattenseiten der Stadt (www.shades-tours.com).

Rad- und Segwaytouren

Pedal Power hat sich auf geführte Touren per Rad und Segway spezialisiert. Für letztere gibt es vorher eine 25-minütige Einführung in die Fahrtechnik. Touren durch die Innenstadt werden von Ostern bis Okt. angeboten, Reservierung notwendig. Dauer jeweils 3 Std., mit dem Rad 37 €, mit dem Segway 69 €, www.pedalpower.at, www.segway-vienna.at.

O-Ton Wien

JÖSSAS!

Jesus
Ach, du meine Güte!

Wappler

aus dem Lateinischen,
von vapulus (Prügelknabe)
Idiot, Dummkopf

LEIWAUND

von Leinwand (früher eine
sehr teure Ware)
super, klasse, toll

Måch Meter!

Mach' Meter
Hau ab!

I hau mi iba d'Heisa

ich werfe mich über die Häuser
ich gehe nach Hause

Passt scho

Passt schon
Alles in Ordnung, kein Problem

ZWIDAWUAZN

von verzwirbelte Wurzel
schlecht gelaunte Frau

Hawe d'Ehre

Habe die Ehre
Das ist ja eine schöne Bescherung

Gschichtl

Geschichtchen
Das ist jetzt aber geflunkert

Hawara

aus dem Jiddischen,
abgeleitet von chaver
Freund

ghupft wie ghatscht

gehüpft wie gehinkt
egal

Register

Register

Das Klima im Blick

Reisen bereichert und verbindet Menschen und Kulturen. Wer reist, erzeugt auch CO_2. Der Flugverkehr trägt mit bis zu 10 % zur globalen Erwärmung bei. Wer das Klima schützen will, sollte sich – wenn möglich – für eine schonendere Reiseform entscheiden oder die Projekte von atmosfair unterstützen. Flugpassagiere spenden einen kilometerabhängigen Beitrag für die von ihnen verursachten Emissionen und finanzieren damit Projekte in Entwicklungsländern, die dort den Ausstoß von Klimagasen verringern helfen (www.atmosfair.de). Auch die Mitarbeiter des DuMont Reiseverlags fliegen mit atmosfair!

Abbildungsnachweis

Anita Ericson, Purkersdorf (AT): S. 120/1

DuMont Bildarchiv, Ostfildern: S. 22 o. (Ernst Wrba)

Getty Images, München: S. 26 (Boris Horvat); 120/9 (DEA/A. Dagli Orti); 102 (Franziska Krug); 27 (Krzysztof Dydynski); 56 (Vadim Volodin)

Huber-Images, Garmisch-Partenkirchen: S. 20 (Olimpio Fantuz); 48 (Ripani Massimo)

iStock.com, Calgary (CA): S. 63 (AleksandarNakic); 45 (Brendan Hunter); 41 (George Clerk); 24 (Horst Gerlach); 4 o. (pressdigital); 64 (vitomirov igor)

laif, Köln: S. 90 (Berthold Steinhilber); 47, 53, 101 (Evelyn Rois & Bruno Stubenrauch); 28, 86 (Gerald Haenel); 39, 68, 69, 93 (Gonzalo Azumendi); Titelbild, 30 (hemis. fr/Ludovic Maisant); 55 (Markus Kirchgessner); 31 u., 73, 106 (Peter Rigaud); 7 (Pierre Adenis)

Lookphotos, München: S. 61 (age fotostock); 60 (Hauke Dressler); 31 o., 109 (Ingolf Pompe); 12/13 (Rainer Mirau)

Mauritius Images, Mittenwald: S. 16/17, 65, 72, 74, 111 (Alamy/allOver images); 75 (Alamy/INSADCO Photography); 120/5 (Alamy/The Artchives); 67 (Alamy/volkerpreusser); 71 (Alamy/VPC Animals Photo); 32 (Bryan Reinhart); 94 (hemis. fr/Bertrand Gardel); 22 u. (imagebroker/Helmut Meyer zur Capellen); 59 (United Archives); 14/15, 35 (Westend61/pure.passion.photography)

picture-alliance, Frankfurt a. M.: S. 97 (Deak Marcus E.); 57 (Hans Ringhofer); 120/8 (Johannes Ehn); 104 (Lisi Niesner); 120/7 (Nora Schuster); 120/3 (Roland Schlager); 120/4 (Ursula Düren); 85 (Willfried Gredler-Oxenbauer)

Rainer Hackenberg, Köln: S. 4 u., 44, 52, 78/79, 80, 89, 98, 120/2

Stock.adobe.com, Dublin (IE): S. 40 (igorp1976); 66 (johnmerlin); 37 (kameraauge); 76 (mikecleggphoto); 8/9 (mRGB); 62 (shamm); 82 (veida)

Trzesniewski, Wien (AT): S. 120/6

Zeichnung S. 5: Antonia Selzer, Lörrach

Alle weiteren Zeichnungen: Gerald Konopik, Fürstenfeldbruck

Kartografie

DuMont Reisekartografie, Fürstenfeldbruck

© DuMont Reiseverlag, Ostfildern

Umschlagfoto

Titelbild: ONYX Bar im 6. Stock des DO & CO Hotel

Hinweis: Autorin und Verlag haben alle Informationen mit größtmöglicher Sorgfalt geprüft. Gleichwohl erfolgen alle Angaben ohne Gewähr. Infolge der Corona-Pandemie im Jahr 2020 kann es darüber hinaus zu kurzfristigen Geschäftsschließungen und anderen Änderungen vor Ort gekommen sein. Bitte schreiben Sie uns! Über Ihre Rückmeldung zum Buch und Verbesserungsvorschläge freuen sich Autorin und Verlag:
DuMont Reiseverlag, Postfach 3151, 73751 Ostfildern,
info@dumontreise.de, www.dumontreise.de

FSC
www.fsc.org
MIX
Papier aus verantwortungsvollen Quellen
FSC® C124385

3., aktualisierte Auflage 2021
© DuMont Reiseverlag, Ostfildern
Alle Rechte vorbehalten
Autorin: Anita Ericson
Redaktion/Lektorat: Hans E. Latzke, Anja Lehner
Bildredaktion: Stefan L. Scholtz
Grafisches Konzept: Eggers+Diaper, Potsdam
Printed in China

Kennen Sie die?

Wiener
Schnittwurst aus Rinds- und Schweinefleisch sowie Speck, wird gerne in der Semmel (im Brötchen) gegessen. Nicht zu verwechseln mit Wiener Würstel, die heißen hier nämlich Frankfurter.

Maria Theresia
Eine Frau auf dem Thron? Die erste Regentin der Habsburger-Dynastie musste sich zunächst ihren Anspruch hart erkämpfen. Schloss Schönbrunn ist ihr sichtbares Vermächtnis.

Ute Bock
Die gebürtige Linzerin Ute Bock war der gute Engel für die Ausgestoßenen der Gesellschaft. Ihr viel beachtetes Wiener Flüchtlingsprojekt wurde nach ihrem Tod 2018 fortgesetzt.

Karl Merkatz
Die Serie »Ein echter Wiener geht nicht unter« zeigt rauhe Sitten und grobe Sprache im Wiener Arbeitermilieu. Karl Merkatz in der Hauptrolle wurde damit zum Kultstar.

Emilie Flöge
Die haben Sie sicher schon mal gesehen – auf einem von Gustav Klimts Gemälden. Sie war Designerin und Modeschöpferin, ist heute aber vor allem als Klimts Muse bekannt.

Trzesniewski
Stellvertretend für die vielen Einwanderer zur Monarchiezeit steht hier der Krakauer Franciszek Trzesniewski, dessen Semmel-Business mit dem Slogan »Die unaussprechlich guten Brötchen« wirbt.

Helmut Zilk
Dr. Helmut Zilk setzte sich als Wiener Bürgermeister (1984–1994) für eine Ostöffnung ein und legte damit den Grundstein für das moderne, internationale Wien.

Conny de Beauclair
Seit nunmehr 40 Jahren führt kein Weg an Conny de Beauclair vorbei – zumindest wenn man ins legendäre U4 will. Dort ist er nämlich seit eh und jeh Türsteher.

Herr Ober
Sagen Sie niemals Kellner zu ihm! Wer Ihnen in weißem Hemd und mit schwarzer Fliege den Kaffee serviert, will mit Herr Ober angesprochen werden.